辽宁省社会科学规划基金项目资助（项目编号：L22BJY011）

要素错配对资源型城市产业转型的影响机理研究

于润群　著

东北大学出版社

·沈　阳·

ⓒ 于润群 2023

图书在版编目（CIP）数据

要素错配对资源型城市产业转型的影响机理研究 /
于润群著. — 沈阳：东北大学出版社，2023.8
ISBN 978-7-5517-3343-4

Ⅰ. ①要… Ⅱ. ①于… Ⅲ. ①城市经济—产业结构调
整—研究—中国 Ⅳ. ①F299.2

中国国家版本馆CIP数据核字（2023）第147748号

出 版 者：东北大学出版社
　　　　　地址：沈阳市和平区文化路三号巷 11 号
　　　　　邮编：110819
　　　　　电话：024-83687331（市场部） 83680267（社务部）
　　　　　传真：024-83680180（市场部） 83687332（社务部）
　　　　　网址：http://www.neupress.com
　　　　　E-mail:neuph@neupress.com
印 刷 者：沈阳市第二市政建设工程公司印刷厂
发 行 者：东北大学出版社
幅面尺寸：170 mm × 240 mm
印　　张：11
字　　数：191 千字
出版时间：2023 年 8 月第 1 版
印刷时间：2023 年 8 月第 1 次印刷
策划编辑：袁　美
责任编辑：孙德海
责任校对：邱　静
封面设计：潘正一

ISBN 978-7-5517-3343-4　　　　　　　　　　定　价：66.00 元

前　言

　　资源型城市是以本地区矿产、森林等自然资源开采、加工为主导产业的城市类型。然而，资源型城市发展依托的自然资源大多具有有限性和不可再生性，所以资源型城市往往会经历成长、成熟、衰退和转型一系列过程，一些资源型城市不仅受到传统"城市病"的威胁，还面临"资源诅咒"的困境。产业结构失衡、低端能源供给过剩、要素使用效率低下、经济结构失调、失业和贫困人口较多、接续替代产业发展乏力、生态环境破坏严重、维护社会稳定压力较大等，已成为资源型城市发展的重大瓶颈。

　　资源型城市转型涉及社会、民生、经济、文化等各个方面，而在这一过程中起核心作用的是产业转型。产业转型不仅是结构的变动，更是生产要素的再配置和使用过程的改良，因此，在城市产业转型过程中，要素供给结构的变革和要素供给质量的提高二者缺一不可，相辅相成。要素配置是影响地区经济增长质量的关键因素。在供给侧结构性改革和实现碳中和的背景下，要素的合理配置对资源型城市在产业转型过程中实现质的飞跃起到至关重要的作用。产业转型不仅应该注重经济效益，还应该统筹考虑产业发展对社会民生、自然生态环境的影响。因此，如何配置要素以实现经济增长与环境保护协调发展十分重要。

　　基于由单一的资源型产业向多元型产业的结构转型、低端能源向清洁能源的能源革命以及黑灰色生态向环境友好的绿色发展三个转型目标，旧有的要素配置方式已不再适应资源型城市产业转型的新要求，资本、劳动以及能源要素配置的结构和方向应与三个转型目标相协调。而现实中，要素市场固化、所有制障碍、金融市场扭曲以及经济体量不足常常使资源型城市中要素流动受到阻碍，扭曲要素价格，导致产业间要素拥挤和稀缺现象并存，影响全要素生产率，对资源型城市产业转型产生不可忽视的负面影响。因此，资源型城市若要顺利完成产业转型，实现绿色可持续发展，需要科学地识别要素错配的程度和方向，并根据不同类型的资源型城市要素错配特征，更有针对性地扩大要素的有效供给，通过优化要素的配置结构、提高全要素生产率、培育新动能，为经济增长注入新动力。因此，探究要素错配对资源型城市产业转型的影响机理，有助于完善可持续发展理论、资源型城市转型发展理论、资源错配理论等重要理论，帮助资源型城市在绿色转型过程中把握方向、调整路径，具有重要的理论和现实意义。

本书由大连交通大学于润群博士独立撰写。本专著在写作过程中参考了大量优秀图书及学术期刊文章中的观点，在此对这些作者表示诚挚的谢意。本书中部分资源型城市面临的转型困难及对策是通过对相关企业实地调研获取的，对这些调研企业的帮助，著者深表谢意。可能有的参考资料由于疏忽或转载未能列出原始出处，在此深表歉意。由于著者学术水平和实践经验有限，本书中难免有不妥之处，敬请专家和广大读者批评指正。

于润群

2023年6月

目　录

1 绪 论

1.1 问题提出

资源型城市是以本地区矿产、森林等自然资源开采、加工为主导产业的城市类型。在我国，资源型城市被定位为重要能源资源战略保障基地，在我国经济发展进程中做出了重要贡献。然而，资源型城市发展依托的自然资源具有有限性和不可再生性，所以资源型城市往往经历成长、成熟、衰退和转型等过程，一些资源型城市不仅受到传统"城市病"的威胁，还面临"资源诅咒"的困境。产业结构失衡、低端能源供给过剩、要素使用效率低下已成为资源型城市发展的重大瓶颈。城市转型涉及社会、民生、经济、文化等各个方面，而在这一过程中起核心作用的是产业转型。产业转型不仅是结构的变动，更是生产要素的再配置和使用过程的改良，因此，在城市产业转型过程中，要素供给结构的变革和要素供给质量的提高二者缺一不可，相辅相成，这也是深化供给侧结构性改革的应有之义。党的十九大报告明确提出："以供给侧结构性改革为主线，推动经济发展质量变革、效率变革、动力变革，提高全要素生产率，……不断增强我国经济创新力和竞争力。"因此，以供给侧结构性改革为主线，纠正要素错配、优化要素配置，为破解资源型城市产业转型的困境提供新思路。

要素配置是影响地区经济增长质量的关键因素。在供给侧结构性改革和实现碳中和的背景下，要素的合理配置对资源型城市在产业转型过程中实现质的飞跃起到至关重要的作用。产业转型不仅应该注重经济效益，还应该统筹考虑产业发展对社会民生、自然生态环境的影响，因此，合理配置要素以实现经济增长与资源环境保护的"双赢"尤为重要。基于由单一的资源型产业向多元型产业的结构转型、低端能源向清洁能源的能源革命以及黑灰色生态向环境友好的绿色发展三个转型目标，旧的要素配置方式已不再适应资源型城市产业转型的新要求，资本、劳动以及能源要素配置的结构和方向应与三个转型目标相协调。而现实中，要素市场固化、所有制障碍、金融市场扭曲以及经济体量不足常常使资源型城市中要素流动受到阻碍，扭曲要素价格，导致产业间要素拥挤和稀缺现象并存，影响全要素生产率，对资源型城市产业转型产生不可忽视的负面影响。因此，资源型城市若要顺利完成产业转型，实现可持续发展，需要科学地识别要素错配的程度和方向，并根据不同类型的资源型城市要素错配特征，更有针对性地扩大要素的有效供给，优化要素的配置结构，提高全要素生产率，培育新动能，为经济增长注入新动力。对资源型城市要素错配的研究有助于帮助资源型城市在产业转型过程中把握方向、调整路径，具有重要的理论和现实意义。

本书首先梳理了"资源诅咒"的成因和效应，以及要素错配与资源型城市转型发展的相关研究。结合我国资源型城市要素投入产出的现状，总结出资源型城市要素配置的特征，并利用要素错配的测算模型识别出资源型城市要素错配的程度和方向。进一步地，基于要素错配对资源型城市产业转型发展的作用机理，本书构建了要素错配影响产出效率、能源效率和环境效率的理论模型，采用方向距离函数测算了资源型城市的产业转型效率，并进一步将转型效率分解为能源效率、产出效率和环境效率。最后，实证检验了要素错配对资源型城市产业转型的效应。

1.2 相关文献综述

1.2.1 "资源诅咒"相关问题研究

(1)"资源诅咒"的内涵

"资源诅咒"（resource curse）的概念最早由 Auty[1] 提出并阐释，意指从地区经济发展的角度，自然资源的富裕非但不会提供经济增长的长期动力，反而会阻碍经济的可持续发展，会使资源国陷入一种"诅咒"而非带来"福音"。此后，有关自然资源所带来的要素禀赋对于地区经济增长的影响及其潜在效应引起了学者的广泛讨论。随着时间的推移，关于"资源诅咒"命题的文献越来越多，学术界也形成了较为丰富的观点，包括经济增长视角下的"资源诅咒"研究和社会发展视角下的"资源诅咒"研究。

Sachs 和 Warner [2] 延续了 Auty 的"资源诅咒"定义，认为自然资源与经济发展的快慢息息相关。邵帅、杨莉莉 [3] 从经济增长视角对"资源诅咒"的内涵做出了更进一步的阐释，认为"资源诅咒"源于一国或地区经济发展严重依赖资源型产业，这种依赖严重影响了地区长期的经济增长。

随着对"资源诅咒"问题研究的逐渐推进，越来越多的学者将视角从经济增长延伸到社会发展，实现了对"资源诅咒"内涵的扩展。Coxhead [4] 在关注发展中国家的经济发展问题时，对"资源诅咒"问题进行了研究，提出对矿产资源的不合理开发与滥用是导致高资源丰裕度地区经济形势萎靡不振，陷入诅咒困境的主要原因。齐义军 [5] 将可持续发展的观念引入对"资源诅咒"的界定中，认为"资源诅咒"是指拥有资源禀赋的国家或地区在资源开发利用上存在一定的问题，资源未能带来可持续发展，从而导致总体上的不可持续发展状态。

"资源诅咒"理论经历了从经济增长视角到社会发展视角的转变，说明学者对"资源诅咒"问题的研究摆脱了经济发展的领域，开始着眼于资源对全社会各个方面的影响，包括生态环境、社会问题等，实现了理论的飞跃。

（2）"资源诅咒"形成的经济因素

现有对"资源诅咒"形成的经济因素的研究主要从三个方面进行，即"荷兰病"模型、资源收入波动模型和人力资本投资视角。

"荷兰病"（the Dutch disease）模型发端于 1977 年《经济学家》（The Economist）杂志，并由之后的研究逐步完善。"荷兰病"意指 20 世纪 60 年代初，由于大规模地开发油气矿产能源，荷兰所遭遇的一系列宏观经济问题。关于研究"荷兰病"形成机制的理论模型，即通过将国民经济划分为三种产业类型（资源产业、服务产业和制造产业）进行数理推导，最早在 1982 年由 Corden 和 Neary [6] 首次构建。从资源转移效应、支出效应和汇率上升效应讨论了"荷兰病"产生的原因，分析了资源部门的繁荣通过影响制造业和服务业进而影响整体经济增长的结构性机制。资源转移效应是"荷兰病"形成的重要原因。新资源发现、资源价格上升和开采技术进步带来的资源部门繁荣使资源型产业生产要素的边际产出增加，要素需求增加引起资源部门工资率和资本租金上涨，生产要素从制造业和服务业部门向资源部门转移，从而导致制造业和服务业部门的生产成本上升、产出水平下降。Matsuyama[7]在其构建的两部门内生经济增长模型中也指出，资源繁荣使劳动要素不断从制造业部门转移到资源部门，最终削弱了制造业的人力资本，导致经济增长率下滑。

支出效应是"荷兰病"形成的另一个重要因素。资源部门繁荣不仅使国民收入水平提升，而且提高了国民对制造业和服务业高质量产品的需求。对于制造业部门来说，因为其产品是在全球范围内进行买卖交易的，所以其产品价格由国际供给与需求状况决定，而非贸易品价格却会随着需求增加而上升。非贸易品价格水平的上升提高了工资水平和工人支出，助推制造业生产成本攀升。Prebisch[8]和Singer[9]从国际贸易的角度分析了资源出口国家经济增长停滞的原因，提出"辛格-普雷维什理论"，发现由于制造品的需求收入弹性大于初级产品，收入增长带来的初级产品需求增加量比制造品小很多，导致以初级产品为主要出口商品的发展中国家贸易利益下降。自然资源的大量出口和国内资源部门外国资本的流入，会产生本币升值的汇率上升效应。在国际市场，国内制造业只能选择降低价格来保持销售竞争力，或收窄销路以保证本币价格水平不变，从而给制造业带来不利影响。同时，汇率上升使进口商品价格下降，国内市场被挤占，制造业进一步萎缩。Paldam[10]和Herbertsson等[11]的研究指出，资源部门的繁荣会通过汇率因素对制造业发展造成挤压，初级产品的大量出口增加外汇供给，制造业产品的出口竞争力随之下降。

Van der Ploeg和Poelhekke[12]研究指出，自然资源的价格由国际市场决定，供求不平衡或者国家关系等政治军事因素会造成资源价格大幅波动。Leong和Mohaddes[13]认为，技术水平和生态环境的不断变化也会带来资源出口国的收入波动，资源收入波动性对资源型国家经济增长的负面影响大于正面效应。一方面，资源收入波动性挤出了物质资本投资。Gylfason等[14]发现，资源收入波动能够引起一国的利率与汇率波动，投资风险和收益不确定性的增加使投资者的投资意愿大大降低，物质资本投资被大量挤出，经济增长随之陷入停滞。Papyrakis和Gerlagh[15]认为，资源产品价格的波动性会导致国内外投资者对投资回报率产生不好的预期，从而阻碍资源部门的物质资本投资。另一方面，资源收入的波动性影响了宏观经济的调控效果。Mikesell[16]研究发现，资源型初级产品出口高比例国家的贸易条件波动幅度要明显大于出口高附加值产品的工业化国家，初级产品价格的周期性涨跌幅度较大，政府财政收入也受到严重影响，从而对宏观经济调控的有效性与稳定性造成冲击，政府难以制定有效的宏观经济政策。Davis 和 Tilton [17] 认为，资源价格的波动会导致政府财政收入和出口收入与之同向波动，使政府宏观调控经济变得更加困难。此外，Humphreys 等 [18] 指出，由资源收入波动带来的经济波动幅度会被国际借贷放大。在资源价格高涨和财政收入增加的时候，政府往往增加公共支出，用于基础设施建设和固定资产投资等，甚至会基于对未来财政收入的较高预期而大举外债，促进宏观经济的繁荣；而在资源价格下跌的时候，国际贷款机构索求债款，迫使政府减少支出，从而加大了经济衰退的程度。20 世纪 80 年代，许多资源丰富的国家正是在资源收入波动的影响下陷入债务危机。

人力资本投资被丰裕的自然资源挤出是"资源诅咒"形成的第三种解释。Gylfason [19] 通过分析多个资源型地区的统计数据发现，一国的中学入学率、女孩平均受教育年限、公共教育支出占国民收入的比重与自然资源丰富程度呈反向关系。关于自然资源挤出人力资本投资的内在机制，有下面几个角度的分析。一是盲目自信的心理和对未来的乐观预期。资源部门繁荣造成对人力资本投资缺乏动力。Gylfason 和 Zoega [20] 指出，在相当长的一段时期内，丰裕的自然资源是人们未来获得持续较高收入的保障。政府部门与社会民众对收入稳定产生了安全感，对国家经济的发展前景或自身未来的财富状况非常自信甚至过度乐观，就会怀安丧志，丧失对更高效生产、更便捷生活、更绿色生态的追求，从而导致管理人员丧失制定更好经济政策（如培养与引进高技术人才）的能力，缺乏进行人力资本投资的动力。二是人力资本投资机会成本增加。Asea 和 Lahiri [21] 建立了两部门的内生增长模型，发现资源产业繁荣使非熟练劳动力的工资率和物质资本收益率提高，导致人力资本投资的机会成本增加，降低了劳动者接受教育的意愿，使劳动力被锁定在劳动技能要求较低的资源产业。Birdsall 等 [22] 的研究结果表明，在一国工业化发展初期，社会收入的分配差距往往会被丰富的资源拉大，低收入群体无法承担高额的人力资本投资成本，从而降低人力资本积累的速度。Weinthal 和 Luong [23] 指出，资源部门的高工资率通过吸引潜在的创新创业者从事初级资源产品的生产工作，挤出企业家行为和研发投资活动。三是人力资本投资预期回报减少。有学者认为，资源丰裕国家的资源部门对熟练劳动力或高素质人才的需求严重不足，使整个社会对高技能劳动力的需求下降，这就使人力资本的投资难以获得额外的收入补偿，劳动者接受高等教育的预期回报率降低，人力资本投资自然会有所减少，从而阻碍了一国经济的可持续增长。

（3）"资源诅咒"形成的制度因素

除了"资源诅咒"形成的经济因素以外，寻租与腐败、制度缺失和社会冲突等制度因素也成为学者们研究"资源诅咒"的热点。

Krueger[24]指出，丰富的自然资源可以给政府部门带来可观的经济租金，导致寻租行为和利益集团产生，进而造成官员腐败和官僚主义，阻碍地区经济增长。企业家与政治家寻租是"资源诅咒"问题的制度性动因。Baland 和 Francois[25]通过构建由进口配额产生的租金模型，发现随着自然资源丰裕度的提高，进口配额的价值比生产活动创造的价值增长更快，寻求利益最大化的企业会荒废生产而忙于寻租，造成生产要素的扭曲配置与无效利用，导致总收入下降。Auty[26]认为，丰厚的自然资源租金会滋生大量寻租行为，企业往往"工于心计"，千方百计地以赞助或行贿的方式向政府示好，从而减少了研发和创新活动。Torvik[27]的研究结果表明，生产者的寻租行为占用了从事生产性活动或学习技能的时间与精力，当寻租活动占用过多的社会资本和劳动力时，社会总产出下降，经济增长放缓。Robinson 等[28]指出，丰富的自然资源禀赋提升了政治权利的价值，为了谋求连任或获得利益，在位者或者政客们往往会采取过度开采资源的政策而不是投资和公共消费，利用开采的资源获得收入以贿赂选民，左右选举结果，这样既浪费了资源收益，也扭曲了资源的配置，经济增长由此停滞。政府腐败是"资源诅咒"形成的另一个制度性线索。基于非洲石油生产和出口大国的现状，Sala-I-Martin 和 Subramanian[29]分析指出，丰裕的矿产资源是造成当地政企合谋、政府腐败的重要因素之一。Bardhan 等[30]认为，政府对资源收益管理权利力垄断会使一些利益集团为了谋求自身利益而愿意满足在位者的腐败性要求，从而出现官商勾结、共谋性腐败现象。Kolstad 和 Wiig[31]提出，自然资源租金会导致政府功能失调，诱导政府关注如何制定和调整制度以实现租金的最大化，却忽视社会整体福利。同时，政府受贿者惧怕丑闻揭露，不敢将贪污资金投资在国内的资本市场，而是转移到国外去投资，造成一国资本大量外流，对经济增长造成潜在危害。Arezki 和 Brückner[32]调查了 31 个石油出口国的石油租金和政府腐败与国家稳定之间的关系，发现石油租金的提高会显著加大政府机构的腐败程度，特别是政府参与石油生产比例较高的国家。

Isham 等[33]研究结果认为，除了寻租和腐败，制度质量低下是形成"资源诅咒"的另一重要制度性因素，丰富的自然资源通过影响制度质量，间接地对经济增长产生消极影响。Mehlum 等[34]认为，"资源诅咒"更多地产生于制度不合理的国家，制度质量问题表现为资源产权制度和民主制度的缺失。Dixit[35]研究发现，自然资源产权安排的合理与明晰程度决定了资源的配置效率，资源产权制度的缺失会增加经济活动中交易成本和回报的不确定性，从而降低对微观经济主体的投资激励，减缓经济增长速度。Stijns[36]认为，利益集团面对缺失的产权，会千方百计地攫取自然资源的开采收益，从而降低资源开发开采的效率。Hausmann 和 Rigobon[37]研究发现，产权制度的缺失会使资源的使用权缺乏约束，导致资源开采过度、利用效率低下以及"公地悲剧"现象，资源型产业发展的恶性循环也拖累了经济持续增长。Ross[38]则表明，高资源丰裕度国家的社会民主程度普遍较低，收入差距较大，社会怨气较高，政府的制度建设落后于人民的民主需求，而独裁体制的强制性和对人民长期利益的掠夺性会阻碍一国经济的发展。Eifert 等[39]认为，民主体制国家在石油租金的管理方面要比独裁体制国家表现得更好，原因在于民主程度高的国家往往有更高的办事透明度以及更少的腐败。Robinson 等[28]指出，在专制制度国家中，丰裕的自然资源会诱使政府采取有利于获取更多租金贿赂而不利于经济增长的政策；在民主制度国家中，发达的采矿业在带来国民收入红利的同时，也在推动着社会经济的可持续发展。Konte[40]也得出了相似的结论：一国的民主程度在一定程度上决定了自然资源的丰裕表现为"福音"还是"诅咒"。

除了以上两种视角，也有学者从社会冲突的角度研究"资源诅咒"的形成机制。丰富的自然资源给一个国家带来的往往不只是财富，还在一定程度上诱发了权力斗争和社会冲突，进而阻碍地区经济增长。Olsson[41]指出，一些冲突管理制度缺失、社会阶级矛盾较为严重的国家面对突然的资源繁荣时，长期以来积累的不满与怨恨会骤然爆发，导致经济社会不稳定，使国家陷入巨大的内战风险。Collier 和 Hoeffler[42]针对非洲国家的研究显示，资源贫乏国家发动国内暴乱与战争的概率在任何样本期间内都远远小于资源富裕国的概率，概率相差大约20%。Collier 和 Hoeffler[43]的研究也发现，依赖自然资源特别是石油资源的国家发生内战的可能性会显著增大，若某国没有初级产品出口，发生内战的概率仅为0.5%，如果某国初级产品出口总额占GDP（国内生产总值）比重较大，则发生内战的概率将高达23%，说明丰富的自然资源容易引发社会冲突，进而对宏观经济增长带来毁灭性打击。Caselli[44]认为，由于自然资源的开采和资源贸易活动对企业家及其组织才能的要求不高，相比制造业生产带来的财富，自然资源更容易被暴力组织和反动势力攫取，从而为内战的产生提供了资金支持。此外，Angrist和Kugler[45]也通过研究指出，繁荣的资源部门是加大贫富差距、引起社会矛盾甚至纠纷与战争、损害地区经济增长的重要原因之一。

（4）"资源诅咒"的存在性检验

对"资源诅咒"存在性的实证检验也是"资源诅咒"理论的主要研究方向之一，各学者在检验方法和指标选取方面存在一定差异。从检验的结果来看，基本可分为存在论、不存在论和条件存在论三种。

实证研究中，一部分文献选择能够衡量某个国家或者地区仰仗资源产业实现发展的依赖度指标，包括采掘业产品出口总额占GDP比重、自然资源租金占GDP比重和矿产品出口额占总出口额比重等，大多得到"资源诅咒"存在的结论。基于1970—1989年95个国家的样板数据，Sachs和Warner[46]较早地讨论了这一存在性问题，其研究将人均经济增长率设置为被解释变量，以初级产品出口总额占GDP比重为解释变量建立了S-W回归模型，结果显示经济增长率与资源依赖度之间存在着明显的负相关关系。此后，S-W研究框架被学者们广泛沿用。Sachs和Warner[47]基于S-W模型框架对非洲和拉丁美洲经济增长率与资源依赖度之间的关系进行了检验，在纳入地理和气候等遗漏变量之后，发现"资源诅咒"效应依然存在。考虑到购买力的不同，Bruckner[48]对原有的依赖度指标进行了加工替换，将原来分母中的国内生产总值替换为以购买力平价计算的国民生产总值，得到1970—2003年90个国家的平衡面板数据，并构建了实证模型，其实证结果表明与"采掘业产品出口总额占GDP比重"相比，指标变换后，自然资源对经济发展的抑制作用更为明显。Arezki和Van der Ploeg[49]利用世界银行提供的数据进行实证研究，排除经济政策、制度质量、地理等因素的影响，得出各国"初级产品出口总额占GDP比重"与人均收入水平之间呈负相关，印证了"资源诅咒"效应的存在。

尽管拥有丰富资源的国家经济发展状况大多不尽如人意，但仍然存在因自然资源而取得较高经济发展成就的国家，因而对"资源诅咒"假说的质疑也开始出现。通过对比分析资源丰富与贫乏国家不同的宏观经济状况，Davis[50]创造性地发表了对"诅咒"存在性的质疑，他认为丰厚的资源对一国是发展的"福音"。之后，学者们从指标选择的内生性角度进行了实证检验。赵伟伟和白永秀[51]认为，度量资源依赖度的比值类指标本身具有内生性，GDP或出口总额并不能独立于一国的现有制度和政策的质量，使得资源依赖只能体现一国产业结构的单一化和制度不完善，并不能说明自然资源禀赋与经济增长之间的必然关系。Alexeev和Conrad[52]同样提出了资源依赖度指标内生性的问题，认为在给定矿产资源产值和较低经济增长速度的情况下，使用"矿产资源产值占GDP比重"会放大自然资源的依赖程度，得出经济增长率与资源依赖度之间负相关的假象结论。与比值类指标不同，采用资源丰裕度的实证检验往往得出相反结论。资源丰裕度常用于衡量某个国家或地区各种自然资源的禀赋程度，包括反映总储备量的绝对指标和人均储备量的相对指标。Brunnschweiler和Bulte[53]选取人均自然资本和人均矿产资源储量作为资源丰裕度的指标，将资源依赖度视为由资源丰裕度、贸易开放度和制度质量共同内生决定，得到资源依赖度与经济发展之间并不存在显著的关系、丰裕的资源对经济增长和制度质量存在积极影响的结论。Maloney和Lederman[54]则采用"单位劳动力的自然资源净出口额"衡量资源丰裕度，发现资源丰裕度对人均GDP水平和人均GDP增长率均无直接影响，"资源诅咒"并不存在。此外，Alexeev和Conrad[52]基于各种矿产资源的人均产值数据，证实了相对资源丰裕度与人均GDP之间呈显著正相关关系。Neumayer[55]采用与Sachs和Warner[47]相同的"初级产品出口总额占GDP比重"，但利用人均收入净增长替代经济增长，得到资源丰裕度与经济水平之间的负向关系十分微弱，即"资源诅咒"并不显著的实证结论。

随着"资源诅咒"相关研究的不断丰富，有学者将存在论和不存在论综合起来，得到了逻辑更为严密的条件存在论。Sala-I-Martin和Subramanian[29]针对尼日利亚的分析表明，"资源诅咒"通过影响制度质量而影响经济增长的传导机制只适用于石油等矿产资源，对于其他资源并不完全适用。Isham等[33]的实证结果也显示，相较于土地等"散"资源，以矿产资源为代表的"点"资源丰裕更容易引起"资源诅咒"效应，原因在于政府更容易从"点"资源的采掘生产中获取收入，而面对"散"资源，政府只能靠税收来获取财政收入，贪污、腐败和寻租的可能性较小。同时，部分学者的研究指出，"资源诅咒"只存在于制度不合理的国家，如果资源富裕的国家拥有高效率政府和高质量制度安排，就不会落入"资源诅咒"的陷阱[56-57]。Mehrara[58]基于13个石油出口国1965—2005年数据的实证检验发现，一国石油收入增长与整体经济增长之间存在倒U形曲线关系，关键性拐点在18%～19%，即只有当石油收入增长率大于拐点值时，才会对整体经济增长表现为消极作用。随着内生经济增长理论的发展，学者们开始在存在性检验中纳入各项内生变量，其中Bravo-Ortega和De Gregorio[59]通过对人力资本的考察，发现人力资本是"资源诅咒"存在与否的决定条件，人力资本水平较高的资源富裕国往往不会陷入"诅咒"中。

（5）"资源诅咒"的经济与社会效应

除了对地区经济增长的直接作用，"资源诅咒"对经济和社会的潜在影响还表现在产业结构、技术创新、收入差距和生态环境等方面。

产业结构方面，"资源诅咒"会导致产业结构僵化与创新能力低下。由于丰裕的自然资源能带来巨大的即时性利益，社会中的各种生产要素都开始向资源产业倾斜，一国就会形成资源产业"一枝独大"的产业结构，制造业及其他高新技术产业、现代服务业的发展就会受到制约。Corden和Neary[6]在对"荷兰病"模型的研究中指出，制造业衰落、产业结构单一是许多资源丰裕国家的普遍现象，资源产业较强的资产专用性会将资本要素锁定于资源部门，而人力资本也具有较强的专用性，资源产业的从业人员由于知识与技能价值需要借助特定资源载体才能体现，在劳动市场中的可流动性较差。由此产生的锁定效应降低了产业结构多样性。

单一的产业结构和过度专业化往往导致人才流失困境，其对创新能力的损害阻碍了一国摆脱"资源诅咒"。Gylfason[19]认为，资源部门对劳动力技能要求相对较低，由于对资源生产的长期依赖，非资源部门的人力资本积累、技术和管理创新也受到抑制，使得一个国家难以凭借技术创新驱动转型发展。Murshed[60]发现，资源创造的财富很少用于教育、科研等人力资本的投资，资源依赖程度越高对科技创新的挤出效应反而越显著。Martin[61]指出，产业结构多样化水平和企业创新能力与一国经济的脆弱程度、恢复能力有着密切的联系，资源型地区的产业结构表现为资源部门所占比例很高，当资源出现衰竭或者出现一种替代物时，资源部门的脆弱性会导致整体经济的脆弱性，也会导致宏观经济由衰退转向复苏的能力相对低下。

收入差距扩大是"资源诅咒"的另一效应。Birdsall等[22]发现，在亚洲和非洲自然资源丰富的国家，收入排名前20%的人与排名后20%的人平均收入水平之比高达9.9和17，在同期自然资源贫乏的亚非国家，该项指标只有6.5和11.5。Sokoloff和Engerman[62]通过对比古巴、巴西与美国、加拿大之间制度、要素禀赋和经济政治发展等因素的差异，发现陷入"资源诅咒"国家的基尼系数长期居高不下，原因是大部分资源租金由掌握国家政治和经济资源的少数精英阶层获得，其通过设计和更改相关制度，以维持精英阶层的权利和财路，而广大人民群众的生活质量却长期未能得到改善，贫富差距持续扩大。Bravo-Ortega和De Gregorio[59]的研究也提出，资源依赖会降低收入分配的公平度，滋生收入分配的不平等。

资源部门的繁荣往往需要巨额资金的支撑，其产品产量同物质资本投资水平成正比，而与人力资本投资水平无明显关系。因此，资源部门通常对从业人员并无学历与创新能力的硬性要求，广大矿工的工资待遇低下[2]，社会贫富差距不断加大。当资源开始逐渐衰竭时，资源部门的就业人群往往由于工作技术的专用性，很难再从事、适应其他工作，从而面临巨大的再就业压力，结构性失业导致了收入差距的进一步扩大[19]。

自然资源的过度开采和生产，往往导致资源丰裕国家面临较大的生态环境压力，生态系统失衡现象突出，城市环境问题较为严重。一方面，部分自然资源的开发具有显著的负外部性，如矿产资源开采会造成大气污染、水体污染、植被破坏、地表破坏等问题；另一方面，土地、空气、河流等自然资源的产权界定不够清晰，很大程度上属于公共产品，甚至部分矿产资源的勘探和开采也具有共有资源特征，使得自然资源被过度开发利用的情况经常发生。Grossman和Krueger[63]通过对环境污染程度与人均收入增长之间关系的考察，发现污染与经济增长存在着倒U形的非线性关系，早期阶段生产要素集中于发展经济，较少关注经济发展带来的环境问题，使得生态压力持续累积。

自然资源的过度开发使环境恶化的同时，也对经济增长产生了消极影响，加剧了"资源诅咒"。恶劣的环境不仅对农林牧渔业造成即时直接的负面影响[64]，还会导致未来生产能力下降，不利于经济的可持续增长[65]。此外，严重的环境污染还会迫使当地的一些原有企业迁出，对于高新技术产业、现代服务业等新兴企业来说，在该地区建立工厂或办公地点的吸引力也会大大下降，使得地区经济深陷"资源诅咒"的恶性循环之中，转型升级愈发困难。

1.2.2　中国资源型城市转型问题相关研究

（1）资源型城市的概念与分类

资源型城市是以本地区矿产、森林等自然资源开采、加工为主导产业的城市类型。在对资源型城市概念内涵的界定上，不同学者的意见相似但也略有分歧，表现为均以对资源的依赖性开采、加工为其关键特点，而在功能以及形成等方面意见相对不统一。张以诚[66]认为，矿业城市是指由于人口集聚而形成的特殊地域，这些地域是矿产资源采掘工业及相关的社会生产发展到一定阶段后的产物。姜春海和于立[67]提出，资源型城市是依托自然资源的开发而兴起或发展的城市，以资源开采和初加工为主导产业，其主要功能在于提供矿产品及初级加工品等资源产品。

在分类上，依据不同的侧重点，学界给出了不同的分类方法。严太华和胡尧[68]从资源依赖强度出发，将资源型城市分为资源强依赖型城市、资源中依赖型城市和资源弱依赖型城市。刘云刚[69]以发展依凭的主导资源为依据，将资源型城市分为石油类城市、煤炭类城市、非金属类城市、金属类城市和森林类城市。韩凤芹和万寿琼[70]则以产业生命周期的不同为切入点，将资源型城市划分为初期资源型城市、成熟型资源城市和枯竭型资源城市三种类型，在此基础上，将枯竭型资源城市进一步细分为衰退型和再生型，从而形成了"成长—成熟—衰退—再生"的资源型城市分类方法[71]。除此之外，也有学者从城市规模、行政区划等角度进行分类，但这些标准并不涉及资源型城市的核心特征，因而在研究中常作为辅助分类方法，用于进一步精细化研究。

（2）资源型城市的基本现状与面临的转型困境

资源型城市的发展一般会经历"开发、鼎盛、衰退、调整、繁荣"的过程，而资源型城市在发展过程中的问题也会慢慢积累与表现，资源采掘达到一定峰值之后，城市开始进入衰退阶段，问题就会集中爆发。我国资源型城市大多已经开始出现问题，栾华贺和王六芳[72]、李洪娟[73]、张米尔和武春友[74]的研究指出，当前我国资源型城市的基本现状以及面临的转型困境可概括为城市内部障碍、外部障碍以及产权与体制障碍。

　　城市内部障碍包括产业结构障碍、环境及资源障碍以及人才障碍。由于对资源产业的长期高度依赖，资源型城市整体的产业结构往往呈畸形状态，大多数资源型城市的主导产业为第二产业，第一、第三产业的发展被忽视，致使产业结构不均衡，各产业发展水平失调，进而导致部分产业发展不充分，经济结构失衡，以及城市综合发展受到制约，使资源型城市转型产生产业结构障碍。环境及资源障碍方面，"有矿快挖，有水快流"的竭泽而渔、饮鸩止渴式浮躁发展理念、"靠山吃山，靠水吃水"的发展观念以及对环境问题的不重视造成资源浪费严重。资源型城市所依赖的资源大多是不可再生的，一旦出现资源枯竭或者资源市场不景气的局面，城市经济发展就会受到巨大打击，影响城市的可持续发展。同时较低的资源利用效率和落后的资源利用方式也带来了严重的环境污染。对资源的过度开发和环境污染问题使资源型城市在植入高新技术、绿色农业等新兴产业方面具有不小的微观环境劣势。人才障碍也是城市内部障碍中不可忽视的问题，主要体现为劳动力和高端人才两方面。我国历史上曾出现"只问产量，不看成本"的评价方式，造成了用人成本高这一历史问题，导致人员使用效率低下，大量劳动力被浪费。不仅在劳动力方面，资源型城市在高端人才方面也面临严峻的问题。现阶段，随着知识经济在全世界范围兴起，社会生产生活对高科学高技术高创新的需求日益迫切，相比较而言，自然资源和劳动力的作用有所下降，使得人才的重要性更加凸显，然而，资源型城市多属于欠发达城市，无法有效吸引优秀人才，导致人才匮乏成为资源型城市转型的一大制约因素。朱阿丽等[75]发现，客观因素和主观认识的局限，例如，与资源型产业相对应的"低成本"人才观造成一些优秀人才在这些城市找不到合适的发展平台，严重影响了优秀人才在资源型城市转型中的作用。

　　外部障碍包括财力障碍和区位障碍。导致资源型城市财力匮乏、自我发展能力较弱的因素主要有三方面。首先，资源型城市的主导产业为产品附加值较低的上游基础性产业。其次，资源市场波动较剧烈，波及面较广，国家政策出于稳定价格体系、保护下游产业的考虑，常常对资源产品价格进行管制，导致矿产品市场价格过低，与实际供需状况脱钩，使得资源红利减弱甚至消失。最后，由于国有企业是构成资源型城市企业数量空间分布的重要部分，其投资生产获得的收益属于国家，不会向当地政府缴纳税费，资源型城市的税收红利十分微弱。时慧娜和魏后凯[76]指出，资源型城市由于地方财源有限以及历史包袱较重，大多财政紧张，地方财政收支失衡，缺口较大，而资源型城市往往需要充足的财政资金来解决面临的诸多问题。另外，较差的区位环境影响了资源型城市转型与持续发展。资源型城市大多是依托资源禀赋的分布状况建立的，资源丰富的中西部地区是资源型城市的主要分布地。但是其资源产品消费地与生产地相隔较远，且地方交通运输建设进度落后，资源产品外销难度加大，因而整体发展水平落后。同时，部分产业尤其是高新技术产业的选择受到城市区位条件的限制比较明显，资源型城市有限的区位条件使得这部分产业难以得到充分的发展。

最后为产权与体制障碍。产权方面，受过去计划经济的影响，国有企业是大多数资源型城市的主导企业，其他所有制类型的企业以及中小型企业的发展显著滞后，导致计划经济体制的影响和20世纪90年代国有企业改革的负面影响在资源型城市暴露得比较严重。体制方面，资源型城市大多经历"先有企业，后有政府"的发展过程，这就造成了资源型城市中的主要矛盾，即企业日益增长的产业扶持制度需求同落后的地方政府之间的矛盾。在这种情况下，能力相对不足的政府起不到推动企业实现转型升级的作用，企业也很难发挥对城市经济的积极影响。孙淼和丁四保[77]指出，计划经济体制下价格体制产生的不公正与高就业风险，以及由地方政府积累能力较弱产生的恶性循环是资源型城市陷入衰退期的主要体制原因。除此之外，孙浩进[78]指出，城市布局不合理和城市内在功能不均衡也是制约资源型城市转型的障碍。

总的来说，资源型城市转型面临的各种困境均源于对自然资源禀赋的过度依赖以及相关制度的不完善。但是，对于资源型城市经济转型困境的产生是否源于"资源诅咒"，即"资源诅咒"假说在中国是否成立的问题，国内学者尚未达成共识。李天籽[79]通过构建实证回归模型从省级层面考察了相关问题，研究分析表明丰富的矿产能源并没有为各个省份的经济建设做出突出贡献，反而由于外商直接投资、教育等一系列因素对经济增长产生负向影响，并得出结论："资源诅咒"在省级层面是显著存在的。邵帅和齐中英[80]采用"资源诅咒"理论假说，对1991—2006年的省级面板数据实证研究了资源型城市分布较为集中的西部地区的能源开采与经济增长之间的关系，发现能源开发导致的"资源诅咒"在这一地区出现。进一步地，基于地级市层面的相关数据，方颖等[81]通过实证分析，发现"资源诅咒"现象并不存在，地区经济发展水平与当地矿产资源的人均丰裕度并无关联。邵帅等[82]利用我国220个地级市1998—2010年的面板数据，研究了资源依赖对经济发展效率的影响，发现依赖与发展之间呈倒U形曲线关系，当地区的资源依赖度达到一定值，"福音"将会表现为"诅咒"，因此"资源诅咒"命题的成立是有条件的。

（3）中国资源型城市转型的效果评价

为了对资源型城市转型的效果更加科学地定量识别，国内学者运用多种方法对中国资源型城市转型的效果进行了分析与评估。基于"转型效率"视角，商允忠和王华清[83]将数理经济学与管理科学、运筹学联系起来，开创性地设置了一套系统的评价指标，并在具体城市的研究分析中引入数据包络分析模型和交叉评价方法，进行线性规划与有效性评估。孙浩进[78]利用SPSS，从综合经济发展程度、产业结构变化与环境破坏程度、人口素质变化、就业与资源利用状况、经济的对外依存度和产业结构单一化程度五个视角，对11个数据较为完善的矿产资源型城市进行了全面分析，发现进行以提高城市竞争力为目标的城市功能转换使资源型城市转型效果较好。基于2008—2015年的城市面板数据，谭玲玲和肖双[84]采用DEA（数据包络分析）模型对17个资源型城市样本的全要素生产率进行了估算，并将非期望产出纳入原DEA模型中，进一步评估了样本城市在能源低碳方面的转型成效，发现在样本期内，样本城市的TFP（全要素生产率）指数不断上升，从而判断资源型城市在低碳技术转型方面效果显著，但其效果具有地域异质性，西部内陆城市高新技术不发达，低碳转型效果不佳。

1.2.3 资源型城市转型发展的影响因素

（1）人力资本与金融资本投资因素

人力资本是区域经济发展的关键影响因素，其对于资源型城市经济转型也具有深刻意义。张生玲等[85]提出，资源型地区要完成产业结构转型，实现经济可持续增长，至关重要的是要提升城市的人力资本水平。蔡世刚[86]论证了，与物质资本相比，人力资本对资源型城市转型发展的影响更大。资源型城市要摆脱资源依赖，实现经济可持续发展，就必须加大人力资本投资力度，重视教育，增大科学技术财政支出比例。

与人力资本相同，金融资本也是企业生产经营的关键元素之一，健康良好的金融体系保证了资本配置顺利、高效进行，为资源型城市转型提供有力支持。易昌良和李林[87]认为，资源型城市转型需要大量资金供应，企业需要跳出传统的金融模式运营规则，以金融创新思维服务企业融资活动，加强企业风险管理与把控，提高企业运营效率，实现转型升级，进而为资源型城市健康发展提供保障和推力。白雪洁等[88]就金融发展对资源型城市转型效率的影响进行研究并指出，资源型城市转型效率与城市中商业银行、证券公司等金融中介机构的扩张形势和发展势头之间呈显著正相关关系，与之相反，不通过金融中介机构，直接进行股票融资会加大资源型城市的资源依赖程度，使产业转型升级过程受阻。

（2）政府职能与制度创新因素

政府职能与制度创新也是影响资源型城市经济转型的关键因素。作为"有形之手"，政府的职能、偏好等在很大程度上影响资源型城市的发展；而制度创新则能为资源型城市转型发展提供良好的激励机制和健康的坏境。孙雅静[89]指出，政府职能转型是资源型城市转型的基础，转型所需的一系列创新的前提是政府功能转变；但是，政府主导的作用具有过渡性质，由于政府对市场失灵具有不可忽视的影响，政府的作用主要体现在转型前期。黄溶冰[90]从制度层面指出，多年的计划经济体制和长期高强度开发使得许多资源型城市面临严峻的转型挑战，应当依据府际治理的原则，通过制度创新促进城市带之间资源的互补合作，助力资源型城市经济转型。姚平和姜曰木[91]指出，高质量的制度不仅会为企业创新创造、提高资源利用效率与生产效率、降低环境污染提供一种政策激励，还会利用制度优势引进人才、培养人才，为资源型城市和资源企业的可持续发展提供人才保障。刘丹[92]将技术创新和制度创新进行综合，并指出创新是推动资源型城市转型的重要驱动力，这两者缺一不可，而且对资源型城市转型的驱动作用呈现明显的创新协同性与动态演化性。

（3）技术创新因素

由于资源型城市自身的局限性以及过去计划体制的影响，其尚未建立与市场经济相适应的完善的技术创新体系，而要迅速实现产业转型亟须建立合理的经济结构，完善合理的创新体系[93]。技术创新能力的高低决定了资源型城市能否摆脱资源依赖，决定了资源型城市的资源替代或接续产业能否发展起来。这种创新能力的缺失源于过度依赖资源、技术过度集中、人才结构不合理等。

姚平和姜曰木[91]总结了技术创新和制度创新对资源型城市转型的效应，指出技术创新帮助资源型城市优化主导产业、发展接续替代产业，带动纵向产业链迅速发展，优化产业结构，从技术层面保障资源型城市产业转型顺利完成。

（4）区位因素与外部市场环境因素

区位因素是资源型城市产业转型模式选择的关键影响因素之一，合适的区位对多元化产业结构的形成和城市规模的扩大具有重要的积极影响[94]。周鹏等[95]利用2002—2012年的数据研究发现，全国资源型城市可持续发展效率东、西部递增且高于中部，南、北部逐渐趋于均衡。文淑惠和陈灿[96]指出，资源型城市转型效率具有区域异质性，东部地区城市由于经济发达、制度完善，在转型效率表现上要优于中部地区城市，同时，以2013年为分界点，在此之前西部地区城市转型效率低于中东部地区城市，之后则高于中东部地区城市。

随着国民收入水平的不断提升以及人民对于物质文化需要的日益增长，资源产业的辉煌已不复存在[97]，外部市场的变化也在一定程度上对资源型城市的转型产生影响。刘霆等[98]研究指出，对于资源枯竭型城市，其转型效率与外部政治、社会和技术经济环境具有很强的相关性，良好的市场环境以及政府的引导与扶持在城市转型发展过程中发挥着不可磨灭的积极作用。

（5）其他因素

除了上述因素，也有学者提出其他影响资源型城市经济转型的重要因素。徐逸伦[99]指出，城市空间结构的优化对资源型城市转型具有重要影响。宋冬林和汤吉军[100]从沉淀成本的角度出发，认为资源企业的生产活动往往具有极高的沉没成本。企业前期投入了大量的人力物力，在后期才开始回利，而这些投入具有一定的专用性，具有极强的锁定效应。政府应该给予政策补偿，支持企业放弃已投入的沉没成本，实现转型发展。李虹和邹庆[101]关于环境法规制的研究发现，当城市经济发展对资源的依赖程度很高，并且超过一定的数值时，其提升反而会阻碍城市转型。文淑惠和陈灿[96]研究发现，从资源型城市发展阶段的角度出发，成熟型和衰退型城市的转型效率表现最差，而成长型城市的转型效率表现最优，再生型城市的转型效率仍在不断提升；从城市主导资源类型的角度出发，森工主导型城市转型过程最为缓慢，而石油和金属主导型城市转型效率最高，煤炭主导型城市次之。自然资源与生态环境因素也是造成要素错配的重要因素。曹斐和刘学敏[102]认为，资源型城市的主导资源类型及存量关键性地决定了其转型的方针和路线。在此认知基础上，两名学者从资源型城市主导资源的存量及可开采储量的视角出发，对制约资源型城市转型升级的机制进行了分析，更进一步地，对摆脱禀赋制约的方法进行了讨论。李虹和邹庆[101]指出，当以资源禀赋水平作为一个门槛变量时，对于资源型城市而言，产业结构会随着禀赋水平提高而朝着合理化和高级化发展。

1.2.4 要素错配问题相关研究

（1）要素错配的表征与形成机制

任何生产活动都是投入—产出过程，生产中投入使用的要素包括人力资本、资本、能源等，要素错配也主要体现在这些生产要素在生产活动的配置情况中，尤其通过价格扭曲的形式出现。人力资本方面，李世刚和尹恒[103]发现，2005年，我国282个地级市政府部门员工的平均受教育年限远高于企业部门员工的平均受教育年限，中国大量优秀人才配置到政府部门而非企业部门，且西部程度最高，中部次之，东部最低，存在政府-企业间人力资本错配。资本方面，Miao和Wang[104]通过由两个部门（有泡沫部门和无泡沫部门）组成的内生经济增长模型进行分析，发现有泡沫部门往往会对社会中的资本要素产生更强的吸引力。扭曲的资本要素价格导致产业内和产业间的要素错配。王辉[105]指出，产业间的资本要素错配会导致要素流向资源产业，带来初级产业的繁荣，初级产业产能过剩而新型产业发展落后，产业结构单一化程度加重，阻碍我国实行产业转型和升级。能源方面，谢攀和龚敏[106]指出，电煤交易价格由政府价格主管部门进行协调等问题导致的扭曲以及天然气气价倒挂等现象的出现说明能源价格扭曲与要素错配问题不容忽视。

现实中，投入要素的使用受到多重因素的影响，要素错配的形成机制也因而具有多种形式，地方政府、所有制因素、行业壁垒等劳动力市场方面负面影响、金融市场扭曲等均参与了要素错配现象的形成过程。

第一，地方政府主导的经济增长模式以及对增长速度的追求是我国要素错配产生的重要影响因素。靳来群等[107]发现，资源在国有企业和非国有企业之间存在错配现象，而造成这种现象的原因正是政府的行政垄断。政府的宏观调控与政策制定都会在一定程度上向国有企业倾斜，造成国有企业在能源行业的垄断地位。张庆君等[108]选取我国31个省（自治区、直辖市）2005—2012年的面板数据，利用广义矩估计方法研究发现，我国省际层面存在一定的金融错配现象，即金融资源分配与企业生产率之间并不协调有序。究其根源，在于企业所有制不同，国有企业垄断、低效，却享受着比高效率非国有企业更好的资源待遇。这种资源分配的不公平不合理程度与社会整体对非国有企业的歧视程度成正比。

第二，劳动力市场的扭曲。劳动力价格的扭曲具体体现在劳动者的薪酬待遇水平低下、增长速度落后于宏观经济增速和通货膨胀率、劳动环境脏乱差等。造成这种扭曲的主要原因是不合理的所有制壁垒以及较高的行业准入壁垒。张子楠等[109]发现，国有企业员工薪酬福利管理办法由国家统一制定，员工工资调整缺少弹性，一旦确定不会轻易变动，这种弱弹性造成了员工惰性，实际劳动的边际产出低于企业支付的工资，导致国有企业要素错配的产生。柏培文和杨志才[110]认为，由于制度性因素的存在，传统农业与现代非农业产业并存的经济结构将持续存在，农村生产要素的供求格局体现为劳动力过剩而资本短缺，城市生产要素的供求格局则正好相反，农村与城市生产要素的差异恶化了农业与非农业之间生产要素的错配问题。李静和楠玉[111]研究发现，由于公共部门的工作岗位旱涝保收，具有一定"铁饭碗"的性质，人才大量涌入公共部门。然而公共部门对社会经济增长的贡献具有局限性，人才高度集中在低效的公共部门会造成一定浪费，社会其他高新技术产业人力资本不足，企业生产与创新动力不足，从而导致经济增长受到制约，经济社会发展缓慢。

第三，金融市场的扭曲。企业层面，资本是企业重要的生产投入要素，而企业资金获得的难易程度取决于金融市场的发达程度。产业层面，金融市场的扭曲会造成产业内和产业间资本要素配置效率低下。张庆君等[112]从金融需求子系统、金融自身子系统和金融撮合交易子系统出发，发现金融市场摩擦、融资约束、融资需求是金融错配产生的重要原因。徐璋勇和葛鹏飞[113]认为，现今资本错配现象严重的根本原因在于金融市场的弱式有效性和政府行为等外部干扰。尤其在发展中国家，欠发达的资本市场因不完善的市场环境而具有更大的金融摩擦，导致资本错配；此时政府的"有形之手"也有可能带来更严重的资本错配。

除此之外，王辉[105]认为造成要素错配问题的原因还有很多，如地理阻隔、交通基础设施建设落后、区际贸易面临的各种阻碍因素等。罗双成和陈卫民[114]指出，高速上涨的房价使房地产投资收益增加，吸收了大量生产要素，导致配置给该部门的生产要素溢出，而创新部门生产要素配置不足，抑制了城市创新能力的提升。

（2）要素错配的影响

要素错配对经济发展的影响，主要包括企业创新、全要素生产率以及产业结构升级等多个方面。

在企业创新方面，张杰等[115]指出，要素市场扭曲会抑制企业研发投入，且抑制程度因地区要素市场要素错配程度、企业特征、是否外资企业等因素的不同而不同。白俊红和卞元超[116]基于2003—2014年的省级数据，采用SFA模型对要素市场扭曲对创新生产效率损失的影响进行了实证分析，研究发现劳动力要素市场扭曲和资本要素市场扭曲均会导致创新生产效率的损失，即两种要素市场的扭曲均是社会创新进步与可持续发展的阻碍因素。我国的要素市场不仅存在价格扭曲问题，还存在要素资源在不同所有制部门之间错配问题。吕承超和王志阁[117]基于2012—2016年我国高技术产业上市公司的微观数据，对劳动力要素错配和资本要素错配对企业技术创新的影响进行了考察，实证结果显示，从全部样本来看，劳动力错配显著促进了企业创新，而资本错配影响不显著。

在全要素生产率方面，邓翔等[118]采用Cost-Malmquist指数模型将CM指数分解为多项指标，而且通过全面FGLS面板模型探讨了影响价格效应、错配效率和CM指数的主要因素，并得出结论，价格扭曲会导致资源配置低效率，而资源配置低效率又会导致企业TFP低下。张雄等[119]发现，土地要素错配会造成企业经济效率损失，且土地要素错配导致企业总体经济效率的损失与土地资源要素投入相对扭曲系数成正比；在对生产活动中的企业特征变量进行控制之后，发现土地要素错配程度的降低会带来企业绩效的改善。董直庆等[120]基于1978—2010年的行业面板数据，并通过构建存在劳动力流动摩擦的多部门一般模型，对我国劳动力错配程度、影响因素以及与TFP之间的关系进行了考察，研究发现，在我国六大行业中，劳动力错配问题普遍存在，且在农业表现得最为严重。此外，劳动力错配诱发了社会经济效率的损失，降低了全要素生产率的增长速度。

在产业结构升级方面，王颂吉和白永秀[121]认为，在经济大发展以及地方政府"唯GDP"论政绩的宏观大背景下，虽然农业的社会地位不可撼动，但是随着高新技术产业的发展，要素流入越来越低效，资本流入不足，政府重视度与扶持力度不够，要素错配现象严重。农业现代化转型面临投融资难的问题。赖敏[122]从产业结构升级指数方面进行了分析，发现在对城市基本特征变量以及政府的干预度进行控制的条件下，产业结构升级指数与土地要素错配程度之间呈负相关关系，土地要素在产业间的错配问题会阻碍城市经济的可持续发展，加重城市产业结构的单一化程度。张伯超等[123]认为，制造业的转型升级效率与制造业内部不同产业之间的要素错配程度存在不可忽视的消极互动，制造业要实现高质量转型升级，就必须解决制造业内部产业之间的要素错配问题，实现劳动密集型产业向高资本、高技术产业转化。

（3）要素错配的测算方法

为了对要素错配程度进行精确的计量分析，学者从多个视角出发，采用多种方式构建了要素错配的测算方法及指标。

第一种方法是TFP分解法。通过对全要素生产率进行拆分，完成对要素错配程度的测算。聂辉华和贾瑞雪[124]收集了我国全部国有及规模以上制造业企业1999—2007年的数据，以此为基础计算了企业的全要素生产率，从TFP离散程度和TFP分解两个视角来衡量制造业内部要素错配程度。罗知和张川川[125]计算了企业层面的TFP，使用TFP的离散程度表示资源配置效率，实证检验了城市房地产投资额与制造业资源配置效率之间的关系，结果显示，城市房地产投资与制造业部门的要素错配程度成正比。杨震宇[126]基于原本对企业生产要素错配问题的研究，进一步将企业研发行为纳入内生增长模型中，对科技型企业样本的要素错配情况进行了系统评估，并分地区、分行业、分所有制类别分别讨论，发现地域层面中西部内陆地区要素错配程度相对较高，产业层面要素错配在重工业领域引起的效率损失十分巨大，所有制层面国有企业存在着更突出的错配问题。

第二种方法是以产业结构为着眼点进行测算。陈永伟和胡伟民[127]分别从要素价格和行业份额两个方面对产业间要素错配问题所产生的社会经济效应进行了度量，并在柯布-道格拉斯生产函数（C-D生产函数）的前提假设下，对具体行业、具体要素的错配状况变化对全要素生产率及产出变动的影响进行了定量分析，研究发现，要素相对价格结构不合理会引起要素错配问题，而要素错配问题又会引起制造业产值和全要素生产率下降。曹玉书和楼东玮[128]在研究经济增长中引入要素错配系数，并通过对产出进行分解的方法对其进行了测算，发现具有自然垄断性质的行业部门或传统低技术、低附加值部门的要素错配状况明显比现代信息技术部门严重；第二和第三产业中要素错配问题的严重程度在不同地理区位具有异质性表现，东部沿海地区虽然在资本配置上表现更佳，但在其他资源上表现出更严峻的错配问题。

第三种方法是直接测算法。直接从要素本身出发对要素错配进行测算。夏晓华和李进一[129]利用1980—2009年的经济数据，并通过构建超越对数生产函数将三大生产要素（劳动、资本和能源）纳入测算模型中，对我国要素价格的扭曲程度进行了定量分析，结果发现这三大生产要素在不同程度上都表现出价格扭曲问题，其中能源要素错配问题最为恶劣。高翔等[130]从要素市场和产品市场视角构建衡量要素市场扭曲程度的指数，并采用各地区要素市场发育程度和样本中要素市场发育程度最高的相对差距作为衡量要素市场扭曲程度的代理指标，对要素市场的扭曲程度进行了测算。

除此之外，张杰等[115]在意识到不同地区不同省份之间生产要素市场与商品市场甚至整体市场的市场化发展水平和程度不同之后，以其为基础设计了测度地区要素市场扭曲程度的指标，检验了要素市场扭曲对中国企业R&D的影响，发现企业R&D被抑制程度与要素市场扭曲程度成正比。罗德明等[131]采用动态随机一般均衡模型法，融合竞争的中间产品生产企业与内生化的进入退出选择，并通过实证研究得出结论，政府与社会的所有制"歧视"会加重企业间的资源错配问题，最终导致社会全要素生产率出现大幅度下降。

综观现有文献，以资源型城市发展周期理论和"资源诅咒"命题为基础，学者们对资源型城市面临的转型困境、转型路径和转型效果进行研究，取得了较为丰富的学术成果。然而，现有文献没有指明资源型城市在附加值创造、资源消耗、污染排放三个方面与理想状态之间的差距，也就无法在新动能培育过程中准确定位未来转型升级的具体方向，同时忽略了资源型城市所处的地理区位、成长阶段和主导产业的差异，未能给出更有针对性的政策建议。而且，以往研究资源型城市转型的文章，大多是从产业的角度理解转型的困难，并且重点落在转型方案的设计上，鲜有文献从要素错配视角破题，从理论上系统阐释资源型城市形成转型困境的原因。而研究要素错配的文献，一般是从经济整体、三大产业等角度分析要素错配,并以此分析对产出及全要素生产率的影响,而较少从行业间探讨如何影响经济体整体的发展情况。鉴于此,本书将进一步丰富资源型城市转型的内涵,构建资源型城市产业转型的效率测算模型,识别出各资源型城市在附加值提升、能源节约和环境友好三个方向的转型压力,并把要素错配和效率损失的讨论纳入增长核算框架,在研究资本、劳动等传统要素的基础上纳入能源要素,建立一个阐释多行业间要素错配的理论模型,在度量要素错配和经济效率的基础上,客观地探讨资源型城市要素错配对城市产业转型的影响。

1.3 概念界定

1.3.1 资源型城市产业转型

转型通常被视为一个创新的过程,在这个过程中通常包含着人们观念的转变、形态结构的变化以及对应运转模式的调整。不同的社会科学学科对转型有着不同的理解。经济学中的转型有多种内涵,主要可分为以下几种。第一种是经济形态转型,认为转型是经济由较低层次向较高层次发展的转变。第二种是经济体制转型,即从一种经济体制向另一种经济体制的转变,例如从计划经济体制向市场经济体制的发展变化。第三种是经济增长方式转型,例如从粗放式发展向集约式发展的转变。第四种是经济体制转型与社会形态转型的结合,是经济体制转变以及生产关系、上层建筑等转变的综合形式。以上观点可概括为狭义和广义两个视角。狭义视角认为经济转型仅仅是经济体制的转型,用来特指社会主义国家由原来的计划经济体制向市场经济体制转换的过程。广义视角则从经济制度的角度出发,将经济转型理解为一种涉及经济、社会等的全面过渡与转变。这些转型的内涵为界定产业转型的内涵提供了相应的视角。

资源型城市转型发展的根本目的与最终方向是实现绿色发展与高质量发展,而产业的成功转型是资源型城市摆脱发展困境的核心所在,故产业转型不应仅考虑产业结构的调整,而应统筹考虑资源能源、环境以及效率问题。因此,可以将资源型城市产业转型定义为资源型城市调整产业结构,转变产业发展方式,依靠技术和制度创新,从原先单一的、落后的产业结构发展为以高新技术产业为主导、先进制造业为支撑、现代服务业加速发展的产业新布局，发展接续替代产业，摆脱对自然资源的依赖，实现可持续发展的过程。资源型城市产业转型是比较优势转换的过程，通过技术的引进、消化、创新和制度的更迭重新配置生产要素，从资源密集型、资本密集型产业转化升级为技术密集型、知识密集型产业，从依靠传统要素的资源型产业转向新兴产业，在实现节约能源、环境友好的同时提高绿色生产率。综上所述，资源型城市产业转型就是资源型城市产业结构持续高级化的创新过程或变化过程，并在产业转型发展的过程中实现与资源环境的逐步协调和绿色生产率的提升。

资源型城市产业转型的模式有多种分类方式。根据产业结构转型方式的不同可分为产业延伸、产业替代和复合发展模式；根据转型速度的不同可分为渐进式和激进式；根据转型主导方的不同可分为政府主导型、市场主导型和自由放任型；根据对资源产业处置方式的不同可分为整体退出式和局部退出式；根据成长阶段的不同可分为深化培育模式、延伸外拓模式、挖潜壮大模式和收缩替代模式；根据接续替代产业选择的不同可分为现代农业产业模式、现代高新技术产业模式、现代服务业模式和多元产业综合发展模式。

1.3.2　要素错配

要素错配理论的提出发端于学者们对要素市场不完善及其表现出来的价格扭曲现象的研究。早期的学者将要素市场的扭曲问题分为两大类，即绝对扭曲与相对扭曲。要素的边际产出不等于产品的价格引起了绝对扭曲，而相对扭曲则出现在两部门的工资率之比不为1的情况下。第二次世界大战后，由于技术水平等的发展，各个国家经济发展差异逐渐扩大。为解释这种现象，在学界，垄断势力、制度差异、资源禀赋等对经济发展的影响逐渐受到重视，完全竞争市场假设下的诸多经济理论受到挑战。在研究要素配置无效率的问题时，市场扭曲理论和基于市场扭曲理论发展起来的要素错配理论受到了主要关注。

要素错配（factor misallocation）是与要素有效配置（efficient allocation）相对的概念。在理想的完全竞争市场中，要素市场处于无摩擦的运行环境中，要素可以自由地在市场上流动，以实现高效配置，要素市场上的边际产品成本与边际产品收益相等，生产要素的价值被最大化体现出来，这种情况下的要素市场是帕累托有效的。但是，现实中，在一系列因素，诸如政策扭曲、市场失灵、所有制障碍等的影响下，要素市场不可避免地存在摩擦，尤其在发展中国家，不完善的市场机制使要素市场不能完美地完成资源配置。在这样的情况下，要素流动与配置活动受到阻力，投入要素的边际成本与边际产品收益不一致，从而导致要素错配问题产生。本书所定义的要素错配是指，在要素市场中，由市场不完善或其他非市场因素导致要素价格不能精准确定，与要素的边际产品价值有差别，从而使市场失去自我完善调节功能，产生效率损失，远离帕累托最优状态的现象。

要素错配主要分为两类：内涵型错配与外延型错配。二者具有凸性不同的生产技术假设。在企业使用凸性的生产技术时，若生产要素配置有效率，则各生产单位之间的要素边际产出相等；反之则认为出现了内涵型要素错配。而在技术非凸性假设下，即使各生产单位之间要素的边际产出相等，通过限制要素配置倾向，仍可出现发生在在位企业与具有更高效率的潜在进入企业之间的要素错配，这种要素错配就是外延型要素错配。

1.4 本书的研究工作

1.4.1 研究内容

本书的主要内容包括七章：

第1章为绪论。阐述中国资源型城市发展的现实背景，针对产业结构失衡、低端能源供给过剩、要素使用效率低下的现状，提出本书所要研究的要素错配视角下资源型城市产业转型升级问题。对于要素错配和转型升级的相关研究，本书分别从不同研究视角对国内外研究现状进行了归纳和论述。最后说明本书的主要内容与创新点。

第2章为资源型城市的要素投入产出与产业转型困境。结合资源型城市的发展现状总结了不同成长阶段、不同地理区域以及不同主导资源的资源型城市在资本、劳动、能源、技术等方面的禀赋条件，并对资源型城市与非资源型城市、不同类型资源型城市的要素投入和产出特征进行了比较分析，进而探讨资源型城市在产业转型过程中所面临的困境。

第3章为资源型城市要素错配的识别与比较。在传统要素错配测算模型的基础上，纳入能源要素，结合地区层面数据，对我国地级市的要素错配程度进行测算，并通过资源型城市与非资源型城市的对比以及不同类别资源型城市的对比识别资源型城市要素错配的程度和方向特征。

第4章为资源型城市要素错配影响产业转型的机理。在前文概念界定及文献梳理的基础上，通过构建理论模型厘清要素错配在产出增加、能源消耗和环境保护等方面如何影响资源型城市产业转型，并依据该作用机制进一步提出后续实证分析的研究假设。

第5章为资源型城市产业转型效率的维度与测算。基于方向距离函数测算了我国资源型城市的产业转型效率，并与非资源型城市进行横向对比。进一步地，将资源型城市的产业转型效率按照能源、产出和环境三个维度进行分解，分别考察了资源型城市产业转型过程中在能源节约、经济增长和环境友好三个维度的表现。此外，识别了不同成长阶段、地理区域和主导资源的资源型城市转型效率的各自特征与差异，为制定各具特色的要素优化政策提供新思路。

第6章为资源型城市要素错配影响产业转型的实证检验。基于我国114个资源型城市2005—2018年的面板数据，实证检验要素错配对资源型城市转型升级的影响。

第7章为结论。总结本书主要研究结论，并根据本书研究中存在的不足，提出未来的研究展望。

1.4.2 创新点

本书分别从理论和实证两个层面重点分析了要素错配对资源型城市产业转型的影响。与现有研究相比，本书的创新点包括以下三个方面：

① 基于 Aoki（2008）模型将要素错配从行业层面拓展到地区层面，改进了要素错配的识别方法，提出要素价格的相对扭曲系数，创新性地构建城市层面的要素错配测算模型，进一步以114个资源型城市和164个非资源型城市为样本，对资本、劳动和能源的要素错配程度加以识别，从错配方向和错配程度两个方面，比较了不同成长阶段、地理区域和主导资源的资源型城市要素错配的差异及演进特征。

② 基于资源型城市生产要素的投入产出特征分析，将能源要素纳入Cobb-

Douglas生产函数中，通过竞争均衡分析、产出分解和产出缺口估计，建立要素错配对总体产出、能源效率和环境效率三个方面影响的理论分析框架。进而，分别讨论了资本错配、劳动错配和能源错配影响总体产出、能源效率及环境效率的作用途径，探究了要素错配影响资源型城市产业转型的作用机理，并选取2005—2018年我国114个资源型城市面板数据进行实证检验。

③针对城市产业转型效率衡量方法的不足，从方向向量内生化、设定相对距离、增加外生权重三个方面对传统方向距离函数加以改进，提出了资源型城市产业转型效率的测算方法。利用114个资源型城市数据对资源型城市的转型效率进行测算，从产出、能源和环境三个维度分解为产出效率、能源效率和环境效率。

2 资源型城市的要素投入产出与产业转型困境

本章结合资源型城市的发展现状总结不同成长阶段、不同地理区域以及不同主导资源的资源型城市在资本、劳动、能源、技术等方面的禀赋条件，并对资源型城市与非资源型城市、不同类型资源型城市的要素投入和产出特征进行比较分析，进而探讨资源型城市在产业转型过程中所面临的困境。

2.1 资源型城市的禀赋条件

我国资源型城市众多，禀赋差异较大，发展和转型条件也不尽相同，造就了各自的优势和特色，也决定了彼此差异化的转型升级道路。因此，厘清处于不同成长阶段、位于不同地理区域以及拥有不同主导资源的资源型城市在资本、劳动、能源、技术等方面的禀赋条件特征差异，是本章首先要研究的问题。

2.1.1 不同成长阶段的资源型城市的禀赋条件

本部分参考《全国资源型城市可持续发展规划（2013—2020年）》对资源型城市的划分进行分析。

（1）成长型

成长型资源型城市是指处在资源开采不断上涨、安全潜力大、经济发展态势良好阶段的一类资源型城市，是国家能源资源的供应和储备基地[71]。我国成长型资源型城市包括朔州市、呼伦贝尔市和鄂尔多斯市等14个地级市。成长型资源型城市由于煤炭、石油、有色金属等资源充沛或长期未被开发等原因，有足够的资源储备。以甘肃省庆阳为例，庆阳市自然资源储量丰富，目前已探明石油地质储量20亿吨，天然气总资源量2万亿立方米，煤炭资源预测储量为2360亿吨，占甘肃省预测储量的94%。

依靠已有的资源优势和广阔的开采前景，资源产业迅速成长为城市的主导产业。凭借资源产业的带动效应，成长型资源型城市中与资源开采相关的装备制造业和服务业逐步发展完善，产业结构发展成以第二产业为主导[132]。产业的持续发展能够有效吸引大量劳动力流入，使城市劳动力要素不断增加；与此同时，以国有资本为主的外部投资注入，使城市的资本要素持续增长。而且，这些劳动力要素和资本要素逐步向资源产业集聚，使劳动力结构和资本结构向以第二产业为主的趋势发展。技术创新方面，由于资源型企业以国有企业为主，国有企业体制等方面的约束极大限制了资源型企业的创新能力，再加上资源产业的科技投入要求不高，使成长型资源型城市的科技创新能力在禀赋相似的周边区域中往往处于落后位置，技术进步缓慢。此外，成长型资源型城市的基础设施建设和空间格局紧密围绕矿区经济布局，造成"点状"开发空间格局较为松散。

对于成长型资源型城市而言，最显著的特点是经济快速发展，经济总量呈现几何级增长态势。以内蒙古鄂尔多斯市为例，凭借资源产业推动，鄂尔多斯已经从内蒙古自治区最贫困的地区之一发展成为中国GDP百强城市之一。自然环境方面，成长型资源型城市来自生产、生活各方面的污染不断加剧，而且因为受到急功近利思想的影响，城市对于环境保护问题不够重视，使其生态环境逐步受到破坏，但尚未发展到阻碍经济发展的地步[133]。

（2）成熟型

成熟型资源型城市，是指资源储量丰富、发展稳定、具有较强的资源保障能力的资源型城市，是现阶段国家能源资源安全保障的核心区。这种稳定的资源开采和开发也可以维持该地区的经济增长[134]。成熟型资源型城市包括邯郸市、邢台市和张家口市等62个地级市。例如黑龙江省大庆市，作为我国最大的石油和石油化工基地，已经开发了萨尔图等多个不同规模的油气田。原油生产长期保持高产稳产，是世界同类油田难以企及的。但是，随着成熟型资源型城市资源储量的快速减少，其资源开采难度不断加大，资源品位也越来越低。

成熟型资源型城市资源产业占比居高不下，使劳动力要素主要集中于资源开发加工和经营部门，对于技术型、专业型和知识型人力资本的吸引力较弱。因此，成熟型资源型城市的劳动力要素结构单一化严重。资本要素方面，处于成熟阶段的资源型城市，企业生产状态平稳，产品获利能力增强，往往资金相对充裕，投资上保持良好的发展势头，资本要素投入呈现稳步上涨趋势。由于资源产业的生产规模逐渐稳定，不再进行规模扩大，对该领域的投资也趋向稳定，成熟型资源型城市的资本投入逐渐转移到服务业等第三产业。与此同时，政府依靠充裕的资金开始进行有利于转型的战略部署，开展一系列扶持鼓励政策，并逐步完善配套的基础设施，城市和矿区构成了点轴式的空间结构[135]。技术创新方面，资源型企业整体自主创新意识和能力不强，只注重眼前利益，安于现有的开采、加工等技术水平，科技投入明显不足，导致成熟型资源型城市科技力量支撑不足，总体科技水平较低。

成熟型资源型城市经济增长率达到顶点后趋于稳定，城市的经济已经达到发展的最高阶段，其中资源产业对地方GDP的贡献达到最大，资源产值利润对城市经济的影响已达到临界值。生态环境方面，资源开发引起的环境和生态问题越来越严重且开始影响经济发展，与可持续发展的矛盾突出。

（3）衰退型

衰退型资源型城市的资源枯竭，经济发展停滞不前，民生问题日益突出，自然环境脆弱，是加快转变经济发展方式的重点和难点地区。衰退型资源型城市包括乌海市、阜新市和抚顺市等23个地级市。以黑龙江省鹤岗市为例，由于长时间开采，鹤岗矿区处于煤炭资源的萎缩期，可采储量不断减少，预计5年后，由于资源枯竭，有3个矿山将被废弃。此外，我国最大的林业产业基地——伊春，16个林业局中有12个已无木材可采，只有1.7%的成熟林可采，可利用木材不足500万立方米。

矿产资源枯竭，使得矿区大量关闭，资源开采量大幅下降，导致大中型资源型企业纷纷破产。衰退型资源型城市失业现象与日俱增，居民总收入大幅下降，城市贫困人口持续增加，导致人才短缺与外流现象并存[136]。因此，衰退型资源型城市劳动力要素大幅减少，且素质全面下滑。资本要素方面，由于衰退型资源型城市经营环境恶化，对于外部投资吸引力下降，本地资金纷纷流失，城市资金状况不容乐观。由于衰退型资源型城市缺乏资金和人才，城市技术水平往往停滞不前。此外，处于衰退期的资源型城市公共服务严重滞后，城市基础设施欠账增多，公共服务体系运转困难。

衰退型资源型城市由于资源产业这一城市支柱产业崩溃，再加上其他产业的规模太小，不足以支撑城市的经济体系，因此城市GDP增速迅速下降，城市经济全面衰退。生态环境方面，矿产开采和加工业具有高耗能、高排放的特点，衰退型资源型城市长期依赖这些产业又缺乏相应的污染治理，使得城市出现地面塌陷、大气污染等环境问题，生态环境严重恶化，进一步加剧了城市的衰退。

（4）再生型

再生型资源型城市是指已经基本摆脱对资源的依赖，资源产业占比明显下降，不再是主导产业，城市整体产业结构趋于合理，经济发展方式顺利转变的资源型城市，是资源型城市转变经济发展方式的先行区[137]。再生型资源型城市包括唐山市、包头市和鞍山市等15个地级市。在这一阶段，大部分资源开采活动趋于停止。再生型资源型城市大力改造传统产业，培育发展新兴产业，促进现代服务业发展。例如，河南省南阳市在服务业方面实行"雁阵计划"，加快中央商务区和文化旅游、仲景医药文化、镇平玉文化等特色商业区建设。

在国家政策扶持下，再生型资源型城市培育和发展了一大批以高新技术为核心的战略性新兴产业和现代服务业，第三产业占比快速上升，并吸纳大量劳动力。再生型资源型城市的劳动力市场重心逐渐由第二产业过渡到附加值更高的第三产业。但是，再生型资源型城市本身劳动力素质普遍较低，加之城市吸引人才的政策和机制不健全，高层次人才往往选择更有发展空间和发展前景的大城市，导致再生型资源型城市出现"人才荒"的现象[138]。资本要素方面，再生型资源型城市往往具有开放的政策环境，再加上新兴产业广阔的发展前景，城市能够有效地吸引外来投资，城市外资利用规模明显提升。另外，再生型资源型城市企业的经济效益快速增长，使得城市的资金市场较为充裕。再生型资源型城市高度重视提升创新能力，但是，由于高层次人才匮乏以及城市产学研合作机制不健全，再生型资源型城市创新能力与发达地区相比仍有待进一步提升[139]。

由于新兴产业发展为城市经济带来了新的增长点，再生型资源型城市GDP增长率再次呈现稳步提升的状态。生态环境方面，再生型资源型城市往往重视环境治理，对原有污染企业进行改造以及烟尘、污水等的治理，使市的生态、生活环境都得到极大改善，有利于城市的可持续发展。

表2.1　不同成长阶段资源型城市的禀赋条件

成长阶段	禀赋条件
成长型	（1）资源储量充裕； （2）劳动力、资本要素不断增加； （3）技术进步缓慢； （4）财政收入快速增长； （5）"散点式"布局
成熟型	（1）资源产量稳定； （2）劳动力素质较低且总量趋于稳定； （3）资本要素相对充裕； （4）技术水平较低； （5）"点轴式"布局
衰退型	（1）资源枯竭； （2）劳动力、资本要素流失严重； （3）技术水平停滞不前； （4）"分散型"布局
再生型	（1）摆脱资源依赖； （2）有效吸引劳动力、资本要素流入； （3）技术创新能力相对薄弱； （4）"圈轴式"布局

2.1.2　不同地理区域的资源型城市的禀赋条件

（1）东部地区

东部地区资源型城市包括唐山市、邯郸市和邢台市等20个地级市。东部地区资源型城市所处地区往往站在开放前沿，是许多领域改革的"试验田"和"示范区"。因此，东部地区资源型城市与中西部地区资源型城市相比，具有良好的创业和就业环境，以及较为完善的基础设施和公共服务设施，对于劳动力要素的吸引力较强，有利于实现劳动力要素的集聚。资本要素方面，东部地区资源型城市交通更便捷，能够有效降低企业的运输成本和交易费用，提高企业的利润，使企业有较为充足的资金进行进一步投资。此外，外商在国内优惠政策和投资机会的支持下，更愿意持续扩大对东部地区资源型城市的投资。因此，东部地区资源型城市拥有较为充裕的资本要素。依靠人才、资金优势，东部地区资源型城市技术创新能力相对较强，在人才培养、科技创新经费投入和科技成果转化方面均明显强于中西部地区资源型城市。

与其他地区资源型城市相比，东部地区资源型城市往往具有较大的经济总量和较快的经济增长速度。生态环境方面，东部地区资源型城市较为发达，具有较强的可持续发展意识，格外注重生态环境保护及其相关治理，再加上东部地区生态环境较为稳定，因此，东部地区资源型城市生态环境明显优于其他地区资源型城市。

（2）中部地区

中部地区资源型城市包括大同市、阳泉市和长治市等37个地级市。中部地区资源型城市资源丰富，尤其是煤炭、石油、水力等资源对于全国的经济发展都具有战略意义。而且，中部地区承接东西、贯通南北，具有发达的交通网络。处在中部地区的资源型城市往往具有明显的交通区位优势，是重要的交通枢纽。此外，由于国家实施中部崛起等战略，中部资源型城市正在成为承接发达国家和我国东部沿海地区产业转移的重要区域。这些都使中部地区资源型城市能够吸引人才、资金不断流入，引起城市的劳动力要素和资本要素不断增加[140]。凭借资金、人才等要素的集聚以及发达地区的科技转移，中部地区资源型城市的科技创新水平显著提升，有助于后续的转型发展。

近年来，得益于良好的政策环境，中部地区资源型城市开始快速发展，经济增长速度稳步上升，发展势头强劲。生态环境方面，中部地区资源型城市位于内陆腹地，气候条件较差、水量短缺、水土流失严重，城市的生态系统较为脆弱和敏感[141]。中部地区资源型城市由于长期以来高投入、高消耗和高污染的经济发展方式，对脆弱的生态系统造成了严重的破坏。严重的环境污染会影响中部地区资源型城市的人居环境，一定程度上约束城市的后续发展。

（3）西部地区

西部地区资源型城市包括包头市、乌海市和赤峰市等36个地级市。我国西部地区资源型城市地域广大，具有较为丰富的自然资源，有很高的开发利用价值。但是，西部地区资源型城市身居内陆地区，地理区位偏远，交通、通信与发达地区相比相当落后[142]。西部地区资源型城市大多是国家根据国民经济发展需要在短时间内建立起来的，缺乏系统的城市功能规划和总体布局设计。因此，西部地区资源型城市的城市基础设施和生活设施远远不及东部地区。这些因素降低了西部地区资源型城市对人才的吸引力，劳动力要素与其他地区资源型城市相比较为匮乏。资本要素方面，西部地区资源型城市投资环境较差，无疑加大了城市招商引资的难度，使城市总体的资金状况处于劣势，资本要素相对欠缺。资金、人才等生产要素的匮乏，导致西部地区资源型城市技术创新发展动力不足，整体技术进步受到限制。

西部地区资源型城市经济发展水平普遍较低，经济增长缓慢。生态环境方面，由于受到地区经济发展水平的限制，西部地区资源型城市环保投入普遍较低，导致城市的污染治理水平较低。资源产业产生的大量废水、废气、废渣不能得到及时处理，严重污染大气和水环境，使西部地区资源型城市生态环境状况不断恶化。

（4）东北部地区

东北部地区资源型城市包括鞍山市、抚顺市和本溪市等21个地级市。东北部地区资源型城市大部分是新中国成立初期在计划经济背景下依托国家大规模投资建立起来的资源基地，是支撑我国初期经济增长的第一代主导资源型城市。但目前东北部地区资源型城市有相当一部分面临资源枯竭的问题，许多企业已经破产或即将破产，相对集中的国有企业又缺乏活力。因此，东北部地区资源型城市下岗失业问题和就业压力尤其突出，进一步造成城市对高素质人才缺乏吸引力、原有人才进一步流失的双重恶果。东北部地区资源型城市劳动力要素质量和总量呈现显著的下降趋势。资本要素方面，东北部地区资源型城市民营经济和外商投资发展缓慢，工业占比长期较高，但效益低于全国水平，大量的不良资产和脆弱的信贷环境导致大量资本沉淀和流出。再加上城市实际利用外资水平较低，使得东北部地区资源型城市的资金状况不容乐观[143]。技术创新方面，东北部地区资源型城市有限的人才集中在资源产业方面，高新技术产业人才储备严重不足，造成城市技术开发能力弱，科技创新水平严重落后。

近年来，东北部地区资源型城市整体经济状况开始下滑，经济发展速度明显下降，出现相对衰退的迹象。生态环境方面，东北部地区资源型城市的生态环境问题主要包括水污染、固体废物污染、大气污染和土地塌陷，且污染问题相对严重[144]。例如，辽宁省存在7处较大的采煤深陷区，总面积达333平方千米；黑龙江省大庆市森林覆盖率仅为9%，草原退化、盐渍化、荒漠化面积占总面积的84%，城市的生态平衡受到严重破坏。

表2.2 不同地理区域资源型城市的禀赋条件

地理区域	禀赋条件
东部地区	（1）处在开放前沿地区，具有区位优势； （2）有效吸引人才流入，形成人才集聚； （3）资本要素相对充裕； （4）技术创新能力相对较强
中部地区	（1）资源相对丰富，具有资源优势； （2）良好的政策环境； （3）劳动力、资本要素不断增加； （4）气候条件较差、生态环境脆弱
西部地区	（1）身居内陆地区，地理区位偏远； （2）城市基础设施落后； （3）资本、劳动力要素匮乏； （4）技术创新发展动力不足
东北部地区	（1）经济增长出现相对衰退迹象； （2）资金大量沉淀和外流，资金状况恶化； （3）劳动力流失严重，出现"人才荒"现象； （4）企业办社会严重，基础设施不完善

2.1.3 不同主导资源的资源型城市的禀赋条件

本书根据张文忠等[71]研究资料中的分类方式，将所选取的资源型城市按照主导资源类型划分为煤炭类、非金属类、金属类、油气类、综合类和森工类。

（1）煤炭类

煤炭资源型城市是由于煤炭资源开发利用而兴起的城市，煤炭工业在该类城市工业经济中占主导地位。煤炭资源型城市包括大同市、长治市和晋城市等41个地级市。煤炭资源型城市往往后备资源不足，面临煤炭资源枯竭、城市衰退的威胁。而且，大多数煤炭资源型城市产业结构单一，煤炭、电力行业工业产值占全市工业总产值的一半以上。城市劳动力、资本要素往往也集中在煤炭、电力行业，从而导致煤炭资源型城市劳动力要素和资本要素结构单一化[145]。此外，由于煤炭资源型城市大多处于衰退阶段，无法有效吸引劳动力、资金流入，反而会面临劳动力、资金大量流失，进一步恶化城市劳动力、资本要素状况。

煤炭资源型城市对煤炭产业依赖性过强，导致城市经济稳定性较差。而且，城市煤炭资源逐渐枯竭，引起煤炭产业经济效益低下，因此大多数煤炭资源型城市经济增长速度明显下降[146]。生态环境方面，煤炭生产中产生的固体废物、废水和粉尘对土壤、水和大气造成严重污染，开采留下大量塌陷地、塌陷坑和废弃矿井，有将近90%的煤炭资源型城市发生沉降损害，甚至出现严重的地表塌陷。煤炭资源型城市的环境破坏和污染问题严重，面临的环境保护方面的压力远远大于其他类资源型城市。

（2）非金属类

非金属资源型城市是对非金属资源或非金属产业具有高度依赖性的城市。非金属资源型城市包括徐州市、宿迁市和滁州市等10个地级市。我国非金属资源型城市主要分布在经济比较发达的东部和中部地区，具有良好的区位条件。此外，在国家政策扶持下，非金属资源型城市正逐步从开采低廉的矿物原料转变为开发高附加值的深加工非金属矿物材料，使非金属矿产的开发利用效率得到提升。凭借自身的区位优势以及国家的大力支持，非金属资源型城市能得到先进技术、交通运输等方面的支持，从而有效吸引大量的资金和劳动力集聚，资本要素和劳动力要素持续增长。

近年来，世界各地对非金属矿产品的需求量逐年增加，引起非金属资源型城市销售收入逐年稳步增长，经济增长速度稳步上升，经济发展势头良好。生态环境方面，非金属资源型城市主要采用露天开采方式，长期的露天开采使城市的土地资源受到严重破坏。同时，不合理的开采造成地质灾害频发，例如山体滑坡、泥石流等。

（3）金属类

金属资源型城市是依靠金属资源而兴起或发展，并且金属产业对其发展具有重要影响的城市。金属资源型城市包括承德市、鞍山市和本溪市等18个地级市。金属资源型城市为国民经济建设提供了大量的铜、金、锡等资源，为我国现代化建设提供了大量的工业原料支撑[147]。我国大部分金属资源型城市矿产资源总量丰富。然而，无论是大中型企业还是中小型企业，都在盲目争夺金属矿产资源的优势资源，放弃那些难以开采的珍贵矿产资源，甚至存在随机开采的现象。这些都导致我国金属矿产资源利用率低，金属资源浪费现象严重。由于我国金属行业的市场准入要求不高，金属资源型城市的企业多为小型经营模式。小型企业经营方式多为粗放型，整体经济效益不高、发展前景有限，使得科技、管理人才离开原来的岗位，到其他地区寻求良好的发展机会。人才的大量流失使金属资源型城市的劳动力素质较低。资本要素方面，现有的金属资源型企业往往处于产业链上游，利润低下，受市场波动较大，企业往往缺乏资金，进一步导致城市的资本要素有所欠缺[148]。

凭借丰富的金属资源储量，金属资源型城市的经济快速发展，经济增长率相对较高。生态环境方面，我国金属资源型城市往往盲目追求经济绩效，存在重开发、轻治理的现象，从而导致城市出现工业废水、废气等污染排放明显增加等问题，对城市的自然环境造成负面影响。

（4）油气类

油气资源型城市是指以提供石油、天然气等能源为主，油气开采、运输、加工制造为主导产业的城市。油气资源型城市包括盘锦市、松原市和大庆市等11个地级市。随着油气储量和产量的逐渐减少，油气资源型城市的发展受到不同程度的影响，油气主导产业及其相关产业开始出现衰退迹象。主导产业的衰退使油气资源型城市失业加重，出现劳动力闲置的现象[149]。此外，城镇居民可支配收入下降，消费意愿和消费能力减弱，阻碍了其他产业特别是第三产业的发展。第三产业发展乏力，不能发挥吸收城市劳动力的作用。这些最终导致人们纷纷外出就业，城市的劳动力大量外流，劳动力要素状况恶化。资本要素方面，油气资源型城市整体商业环境较差，缺乏活力，无法吸引外部投资，使城市资本要素相对匮乏。

油气资源型城市资源储量大幅萎缩，资源开采成本急剧上升，导致本地企业的市场竞争力严重削弱。整个城市的经济效益明显下降，经济增长速度显著下滑。生态环境方面，我国油气资源型城市长期的掠夺开采以及对生态环境综合治理的欠缺，导致城市生态环境恶化。水资源污染和土地资源占用，严重影响了人们的生活环境。

（5）综合类

综合资源型城市是指依托多种类型资源开发而形成、发展的城市。综合资源型城市包括唐山市、邯郸市和邢台市等29个地级市。综合资源型城市往往拥有多种资源，并不会过度依赖单一的资源，其后备资源相对充足，城市往往处于成熟阶段，拥有良好的发展前景。综合资源型城市广阔的发展前景使其能够吸引人才不断流入，使城市的劳动力数量增加、质量提高。资本要素方面，通过发展服务业、高新技术产业等第三产业，综合资源型城市能够有效吸引外来投资，资金的大量流入使城市在基础设施建设、生活设施建设等方面拥有充足的资金，为城市的后续发展提供内生动力。但是，技术创新方面，综合资源型城市由于多种资源产业并存发展，从而每类资源产业的科技投入较少，使得城市产业技术含量不高，以初级加工为主。凭借拥有多种资源以及资源储量相对丰富的比较优势，大部分综合资源型城市的经济呈高速发展态势，经济增长速度高于其他类资源型城市。但是，综合资源型城市对资源的利用程度不够，生产的产品附加值较低，本地企业的市场竞争能力较弱。这些使综合资源型城市的经济发展通常后劲不足，难以长期维持高速发展态势。生态环境方面，综合资源型城市存在生态环境破坏的问题，但是由于环境破坏程度较低，还没有发展到阻碍经济的程度。

（6）森工类

森工资源型城市是指依靠森林资源，以森林资源的采伐和初加工为支柱产业的城市。森工资源型城市包括5个地级市，分别为：吉林市、白山市、伊春市、牡丹江市和丽江市。随着采伐的不断进行以及采伐量的逐年增加，森工资源型城市的可开采木材量迅速减少。近年来，森工资源型城市的森林资源趋于枯竭，城市的林木开采量大幅减少[150]。森林采伐的急剧减少必然导致大量林业工人下岗，从而形成巨大的就业压力。而且，城市贫困问题愈加严重，使得人们纷纷外出谋生，进而导致劳动力要素大量流失，整个城市的劳动力要素面临下降威胁。资本要素方面，森工资源型城市由于资源产业的逐步衰退以及相关企业的退出，对于外来投资往往失去吸引力，导致资金外流现象严重，使得城市资金要素状况持续恶化。

森工资源型城市的木材储量大幅萎缩而难以为继，导致严重的经济危困，经济结构严重失衡，经济增长速度明显下降。生态环境方面，过量采伐、粗放经营和环境治理低下等共同作用，导致森工资源型城市主要河流出现断流情况、土地沙化现象日益严重，整个城市的生态环境不断恶化。

表 2.3 不同主导资源的资源型城市的禀赋条件

主导资源	禀赋条件
煤炭	（1）后备资源不足，面临枯竭威胁； （2）环境破坏、污染严重； （3）无法有效吸引劳动力、资本要素集聚
非金属	（1）资源丰富、质量优良； （2）国家政策倾斜，支持发展； （3）资本、劳动力要素不断增加
金属	（1）资源总量充裕； （2）人才流失、劳动力素质较低； （3）利润空间狭小、资本要素短缺
油气	（1）资源储量渐趋萎缩甚至枯竭； （2）资本、劳动力要素大量外流； （3）结构性失业加重、贫困人口增加
综合	（1）资源种类较多、后备资源充足； （2）有效吸引外来投资、资金充足； （3）人才流入、劳动力数量增加、质量较高
森工	（1）资源总量迅速减少； （2）劳动力要素流失严重； （3）企业经济效益低下、资金状况恶劣

2.2 资源型城市的要素投入情况

2.2.1 劳动力要素投入情况

（1）资源型城市与非资源型城市劳动力要素投入比较

本书采用2003—2018年《中国统计年鉴》公布的在岗职工平均人数作为劳动力要素投入指标。图2.1显示出资源型城市和非资源型城市劳动力要素投入变化情况。资源型城市劳动力要素投入前期趋于平稳，平均劳动力要素投入为12万人。2007—2013年有小幅增长，上涨33%。2016年以后出现小幅下降，平均劳动力要素投入由16万人下降到14万人，下降幅度为12.5%。总体而言，资源型城市劳动力投入明显少于非资源型城市劳动力投入，且两者之间的差距逐年增加。体现出资源型城市劳动力流出情况严重，可能存在劳动力投入不足的情况。

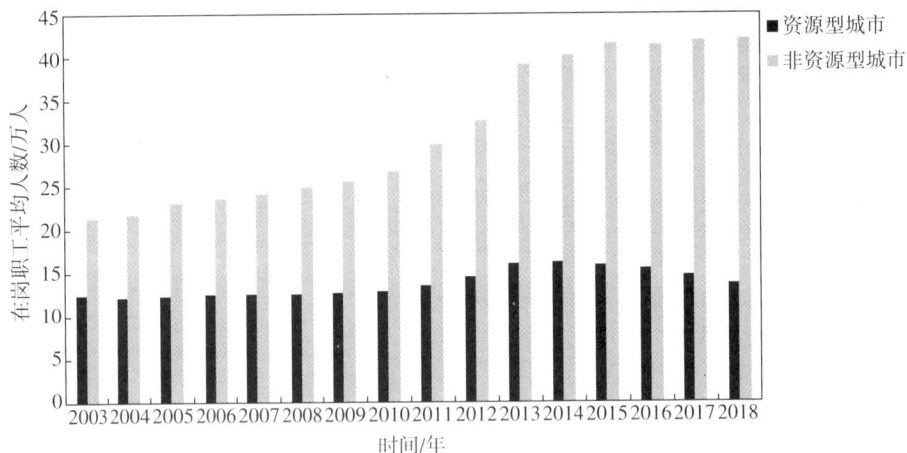

图2.1 资源型城市和非资源型城市劳动力要素投入情况

（2）不同成长阶段资源型城市劳动力要素投入比较

图2.2表明了我国不同成长阶段资源型城市劳动力要素投入情况。可以看出，再生型资源型城市劳动力要素投入最多，平均为25万人，远高于其他类型资源型城市。体现出再生型资源型城市由于第三产业的高速发展，带动城市劳动力需求增长，吸引劳动力流入，从而使城市劳动力要素较为充裕。成长型资源型城市劳动力要素投入最少，平均为8万人，说明城市处于起步阶段，劳动力要素有待增加。其中，再生型资源型城市劳动力要素投入2010年以前趋于平稳，2011—2014年存在明显上涨趋势，上涨幅度为39%。之后，呈现下降趋势，下降了28%。其他成长阶段资源型城市劳动力要素投入总体趋于平稳，存在小幅波动。

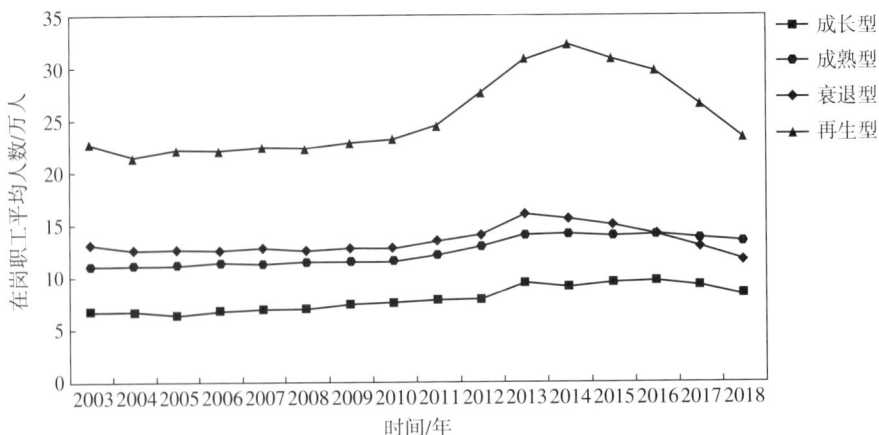

图2.2 不同成长阶段资源型城市劳动力要素投入情况

（3）不同地理区域资源型城市劳动力要素投入比较

通过图2.3可以看出不同地理区域资源型城市劳动力要素投入情况。东部地区资源型城市劳动力要素投入最多，平均为22万人。西部地区资源型城市劳动力要素投入最少，平均为9万人。体现出劳动力要素存在从西部地区流向东部地区的趋势，西部地区可能存在劳动力要素配置不足的情况。东部地区资源型城市劳动力要素投入，2011年之前呈现平稳趋势，存在小幅上涨；2011—2013年显著增加，上涨33%；之后，趋于平稳；2016年之后，出现明显下降趋势，下降幅度为14%。其他地理区域资源型城市劳动力要素投入趋于平稳，存在小幅波动。

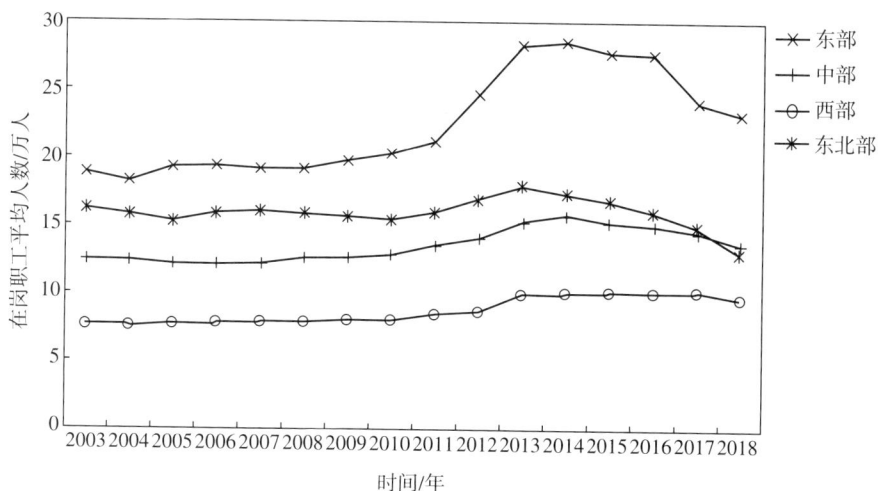

图2.3 不同地理区域资源型城市劳动力要素投入情况

（4）不同主导资源的资源型城市劳动力要素投入比较

通过表2.4可以看出，煤炭资源型城市和综合资源型城市劳动力要素投入趋于平稳，存在小幅波动。非金属资源型城市、金属资源型城市和油气资源型城市劳动力要素投入总体呈现上涨趋势，上涨幅度分别为44%、18%和46%，其中油气资源型城市劳动力要素投入变动最大。森工资源型城市劳动力要素投入整体呈现下降趋势，下降幅度为23%。油气资源型城市和综合资源型城市劳动力要素投入最多，平均为16万人。

表2.4 不同主导资源的资源型城市劳动力要素投入情况

	煤炭类	非金属类	金属类	油气类	综合类	森工类
2003年/万人	12	9	11	13	15	13
2018年/万人	12	13	13	19	15	10
均值/万人	12	13	12	16	16	12
变动幅度	0	44%	18%	46%	0	−23%
总体趋势	趋于平稳	上涨	上涨	上涨	趋于平稳	下降

2.2.2 资本要素投入情况

(1) 资源型城市与非资源型城市资本要素投入比较

本书选取固定资产投资额衡量资本流入情况，并利用固定资产价格指数对各城市固定资产投资额进行平减，得到固定资本存量，将固定资本存量与GDP的比值作为资源型城市资本要素投入的指标，衡量单位GDP产出资本要素投入情况。从图2.4可以看出，2003—2018年，资源型城市和非资源型城市资本要素投入逐年增加，均呈上升趋势。资源型城市资本要素投入年均增长率为25%，非资源型城市资本要素投入年均增长率为17.5%，资源型城市资本要素投入增长速度较快。总体而言，资源型城市资本要素投入多于非资源型城市资本要素投入，而且两者差距逐年递增。

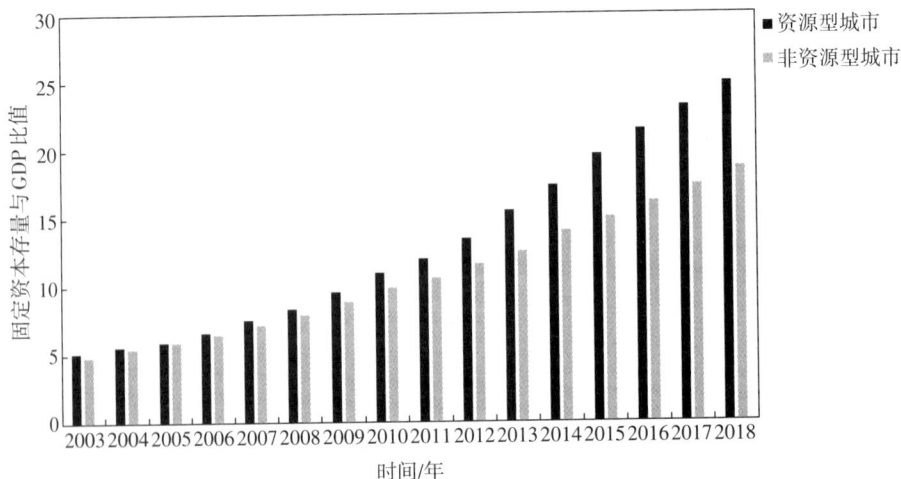

图2.4 资源型城市和非资源型城市资本要素投入情况

（2）不同成长阶段资源型城市资本要素投入比较

图2.5表明了我国不同成长阶段资源型城市资本要素投入情况。可以看出，成长型和成熟型资源型城市资本要素投入情况相差不多，都明显多于再生型和衰退型资源型城市。不同成长阶段资源型城市的资本要素投入均呈现显著上涨趋势。成长型资源型城市资本要素投入年平均增长率为24%，成熟型资源型城市资本要素投入年平均增长率为29%，衰退型资源型城市资本要素投入年平均增长率为14%，再生型资源型城市资本要素投入年平均增长率为21%。成熟型资源型城市资本要素投入增长速度最快。成熟型资源型城市处于经济发展的最高阶段，拥有较为充足的资金进行资本要素投入，使其资本要素投入总量和增速明显高于其他阶段资源型城市。

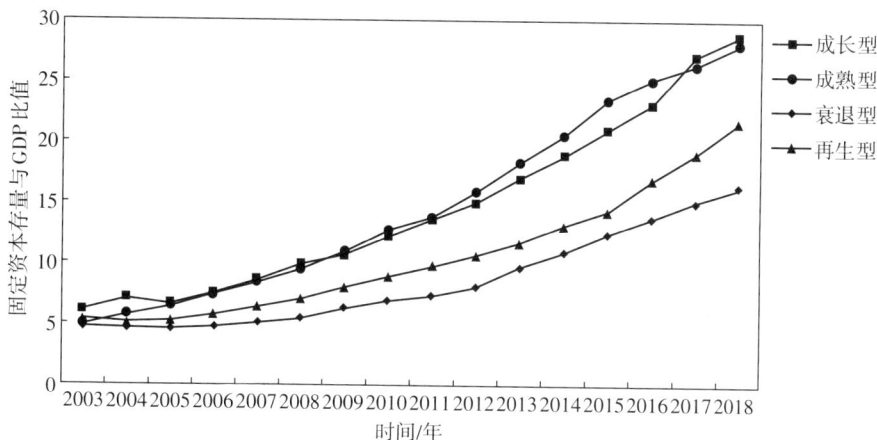

图2.5 不同成长阶段资源型城市资本要素投入情况

（3）不同地理区域资源型城市资本要素投入比较

通过图2.6可以看出，总体而言，资源型城市资本要素投入呈现中部地区最多，东北部地区最少。反映出东北部地区资源型城市近年来经济下滑导致投资明显减少。不同地理区域资源型城市资本要素投入均存在明显的上涨趋势。东部地区资源型城市资本要素投入年平均增长率为20%，中部地区资源型城市资本要素投入年平均增长率为29%，西部地区资源型城市资本要素投入年平均增长率为19%，东北部地区资源型城市资本要素投入年平均增长率为31%。东北部地区资源型城市资本要素投入增长速度最快。

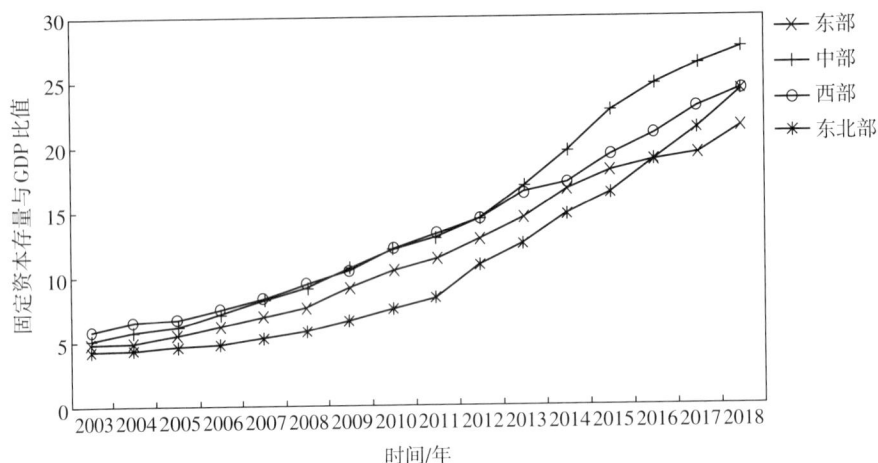

图2.6 不同地理区域资源型城市资本要素投入情况

（4）不同主导资源的资源型城市资本要素投入比较

通过表2.5可以看出，不同主导资源的资源型城市资本要素投入情况总体均呈现上升趋势。不同主导资源的资源型城市资本要素投入情况相近，煤炭资源型城市资本要素投入相对最多。其中，煤炭资源型城市资本要素投入年均增长率最大，为30%；金属资源型城市和油气资源型城市资本要素投入年均增长率最小，为18%。体现出煤炭资源型城市高资本投入的特点。

表2.5 不同主导资源的资源型城市资本要素投入情况

	煤炭类	非金属类	金属类	油气类	综合类	森工类
2003年	5	5	5	6	5	5
2018年	29	21	19	23	25	23
均值	14	11	11	13	13	12
年均变动幅度	30%	20%	18%	18%	25%	23%
总体趋势	上涨	上涨	上涨	上涨	上涨	上涨

2.2.3 能源要素投入情况

（1）资源型城市与非资源型城市能源要素投入比较

本书选取《中国统计年鉴》公布的全社会用电量来衡量城市能源使用情况，将全社会用电量与GDP的比值，即每万元GDP所消耗的电量，作为衡量资源型城市能源要素投入的指标。图2.7显示出资源型城市和非资源型城市能源要素投入变化情况。从图2.7可以看出，总体而言，资源型城市能源要素投入显著多于非资源型城市能源要素投入，一定程度上体现出资源型城市能源利用的低效率。

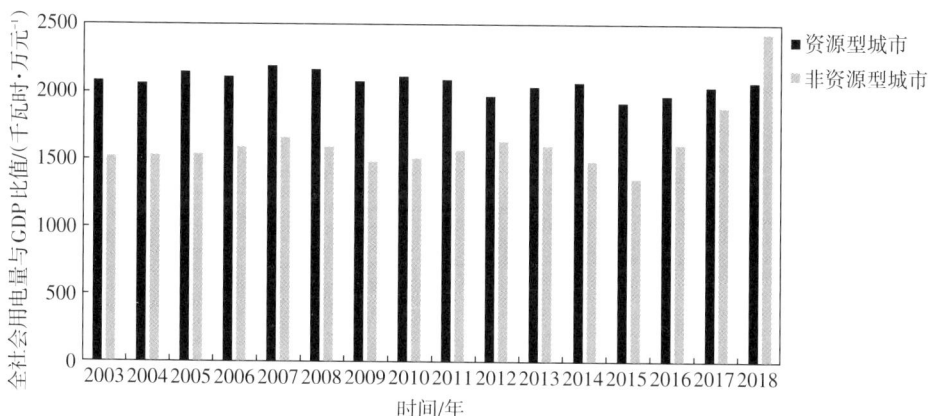

图2.7 资源型城市和非资源型城市能源要素投入情况

（2）不同成长阶段资源型城市能源要素投入比较

图2.8表明了我国不同成长阶段资源型城市能源要素投入情况。可以看出，衰退型资源型城市能源要素投入最多，再生型和成熟型资源型城市能源要素投入相差不多，成长型资源型城市能源要素投入最少。反映出由于资源枯竭，资源的开采成本不断增加，衰退型资源型城市生产过程中需要消耗更多的能源；而再生型资源型城市通过发展服务业、高新技术产业等低能耗产业，使城市能源消耗大幅减少。整体而言，不同成长阶段资源型城市能源要素投入情况趋于平稳，存在小幅波动。其中，再生型资源型城市能源要素投入2015年以后存在明显的上涨趋势，2015—2018年的年增长率为11%。

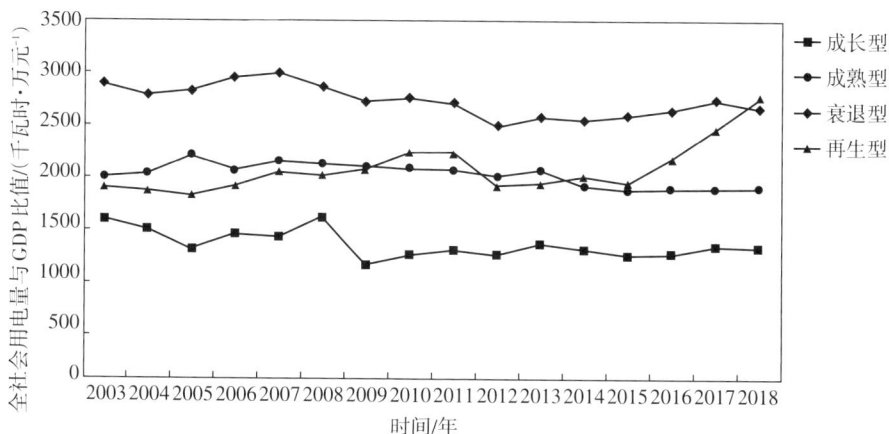

图2.8 不同成长阶段资源型城市能源要素投入情况

（3）不同地理区域资源型城市能源要素投入比较

通过图2.9可以看出，不同地理区域资源型城市能源要素投入情况总体上趋于稳定，略有小幅波动，而且不同地理区域资源型城市能源要素投入情况相近。但是，东北部地区资源型城市能源要素投入2011年以后呈现明显的上涨趋势，上涨幅度为77%。体现出近年来东北部地区资源型城市由于技术停滞不前、资源逐渐枯竭等因素共同作用，城市能源消耗持续升高。

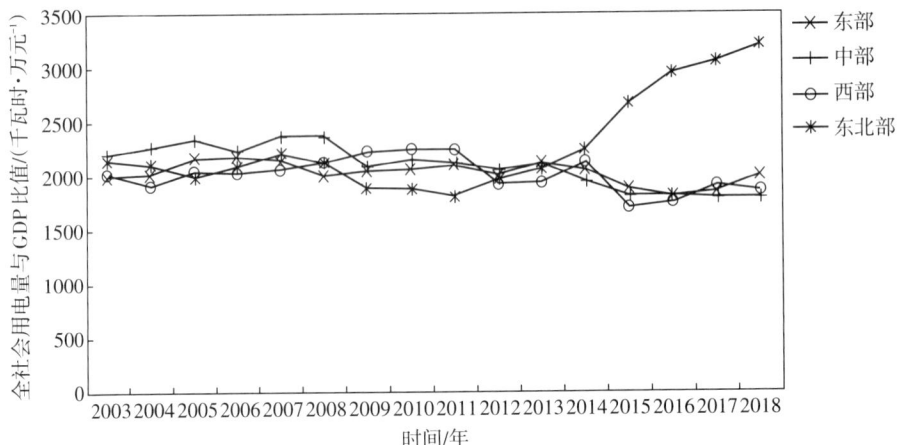

图2.9　不同地理区域资源型城市能源要素投入情况

（4）不同主导资源的资源型城市能源要素投入比较

通过表2.6可以看出，煤炭资源型城市、非金属资源型城市和油气资源型城市能源要素投入总体上呈现上升趋势。其中，非金属资源型城市上升幅度最大，为58%；煤炭资源型城市上升幅度最小，为8%。金属资源型城市、综合资源型城市和森工资源型城市能源要素投入总体上呈现下降趋势，下降幅度分别为17%，12%，46%。

表2.6　不同主导资源的资源型城市能源要素投入情况

	煤炭类	非金属类	金属类	油气类	综合类	森工类
2003年/(千瓦时·万元$^{-1}$)	2132	1323	2283	1224	2516	1875
2018年/(千瓦时·万元$^{-1}$)	2313	2101	1890	1583	2203	1012
均值/(千瓦时·万元$^{-1}$)	2245	1561	2318	1268	2238	1561
变动幅度	8%	58%	−17%	29%	−12%	−46%
总体趋势	上升	上升	下降	上升	下降	下降

2.3 资源型城市的产出特征

2.3.1 资源型城市的期望产出

（1）资源型城市与非资源型城市期望产出比较

本书选取实际国内生产总值作为衡量城市期望产出指标。图2.10显示出资源型城市和非资源型城市期望产出变化情况。从图2.10可以看出，对于资源型城市和非资源型城市，在研究期内，期望产出逐年增加，均呈上升趋势。资源型城市期望产出明显少于非资源型城市，而且两者之间差距逐年增加。资源型城市期望产出年平均增长率为14%，非资源型城市期望产出年平均增长率为21%，非资源型城市的经济增长速度较快。体现出资源型城市经济发展明显落后于非资源型城市，资源型城市可能存在要素使用不合理的情况。

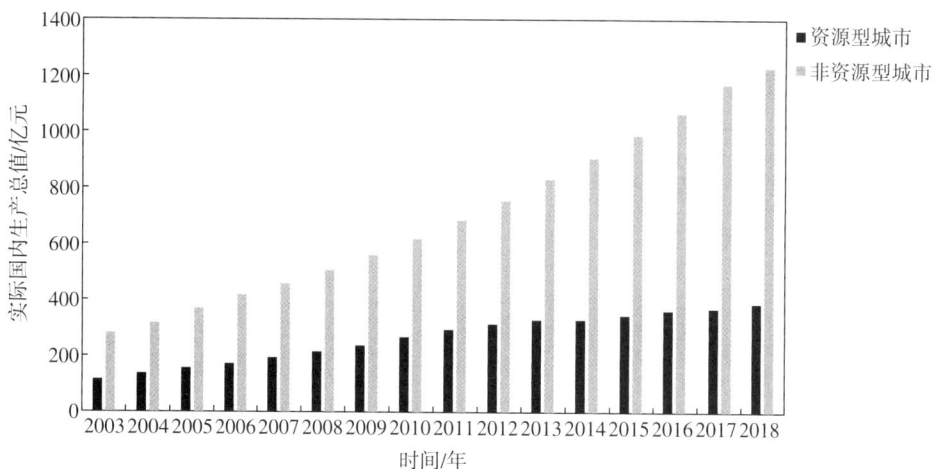

图2.10 资源型城市和非资源型城市期望产出情况

（2）不同成长阶段资源型城市期望产出比较

图2.11表明了我国不同成长阶段资源型城市期望产出变化情况。对于4种类型资源型城市，研究期内，期望产出均显著增加。总体而言，再生型资源型城市期望产出最多，明显多于其他类型资源型城市。体现出再生型资源型城市经济发展模式明显优于其他类型资源型城市，值得其他类型资源型城市借鉴模仿。

47

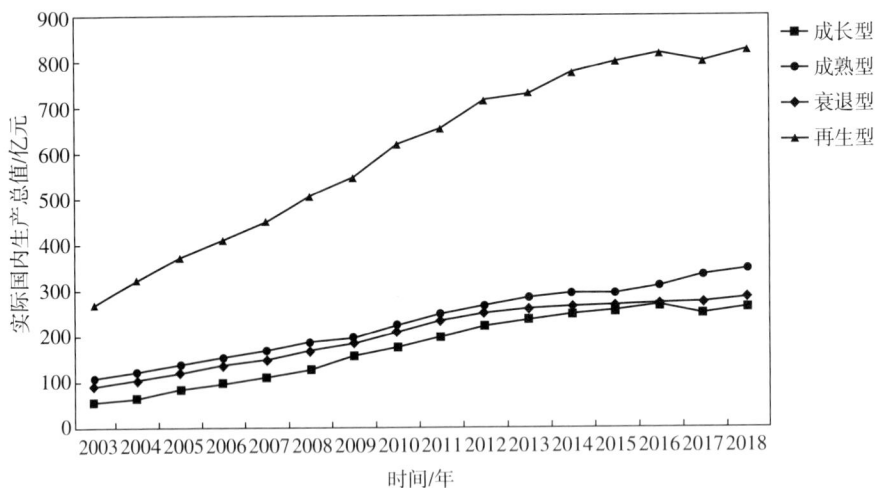

图2.11　不同成长阶段资源型城市期望产出情况

（3）不同地理区域资源型城市期望产出比较

通过图2.12可以看出，总体而言，东部地区资源型城市期望产出最多，明显多于其他地区资源型城市。其中，东部、中部和西部地区资源型城市期望产出呈现增长趋势；东北部地区资源型城市在研究前期处于增长状态，但2013年以后呈现下降趋势，下降幅度为26%。体现出凭借区位、政策等发展优势，东部地区资源型城市经济发展良好。反观东北部地区资源型城市，城市经济出现明显的衰退现象。

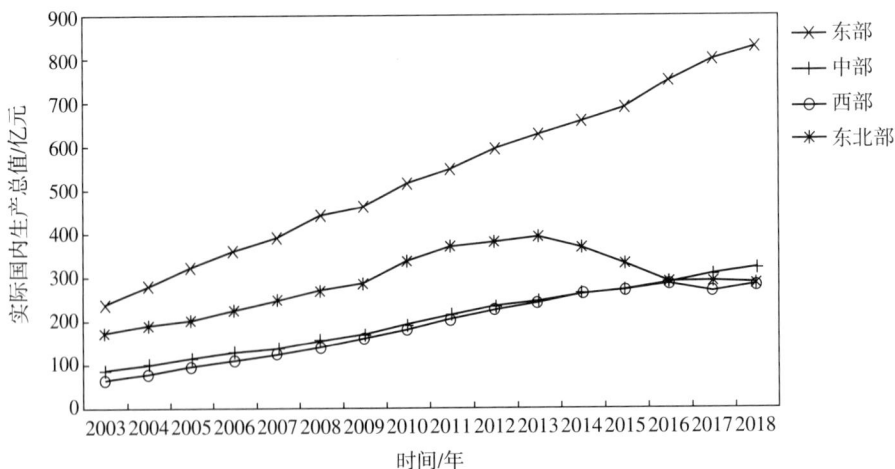

图2.12　不同地理区域资源型城市期望产出情况

（4）不同主导资源的资源型城市期望产出比较

通过表2.7可以看出不同主导资源的资源型城市期望产出情况。总体而言，油气资源型城市期望产出最多，平均为399亿元。煤炭资源型城市期望产出最少，平均为191亿元。不同主导资源的资源型城市期望产出总体上呈现上涨趋势。其中，非金属资源型城市年平均增长率最高，为22%。油气和森工资源型城市年平均增长率最低，仅为8%。

表2.7　不同主导资源的资源型城市期望产出情况

	煤炭	非金属	金属	油气	综合	森工
2003年/亿元	84	114	109	218	134	110
2018年/亿元	281	516	365	499	474	251
均值/亿元	191	313	246	399	319	205
年均变动幅度	15%	22%	15%	8%	16%	8%
总体趋势	上涨	上涨	上涨	上涨	上涨	上涨

2.3.2　资源型城市的非期望产出

（1）资源型城市与非资源型城市非期望产出比较

本书采取工业废水、工业二氧化硫、工业烟尘排放量与GDP的比值来衡量城市的非期望产出情况。图2.13显示出资源型城市和非资源型城市工业废水排放变化情况。可以看出，资源型城市和非资源型城市2003—2018年工业废水排放强度整体均呈现下降趋势。总体而言，资源型城市工业废水排放强度大于非资源型城市工业废水排放强度。

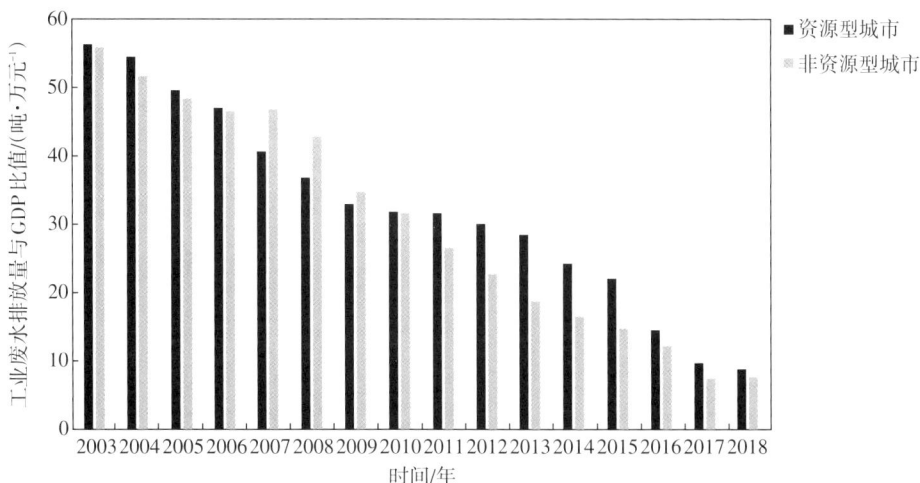

图2.13　资源型城市和非资源型城市工业废水排放情况

图2.14显示出资源型城市和非资源型城市工业二氧化硫排放变化情况。可以看出，资源型城市和非资源型城市工业二氧化硫排放强度整体均呈现下降趋势。资源型城市工业二氧化硫排放强度显著大于非资源型城市工业二氧化硫排放强度，但二者之间差距逐渐减小。

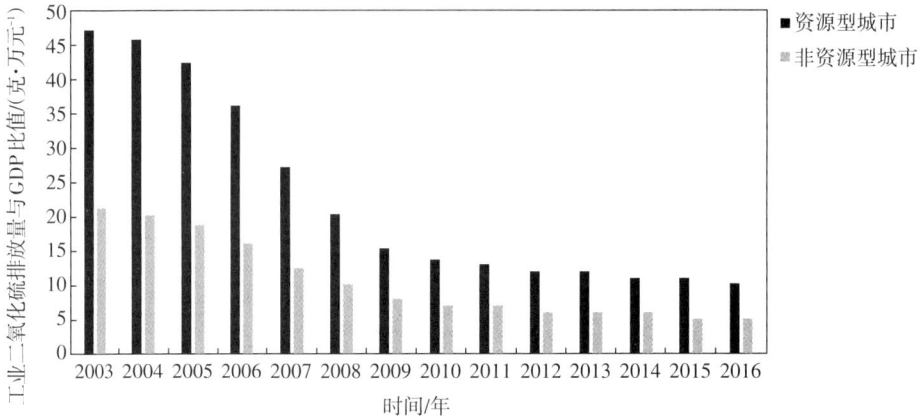

图2.14　资源型城市和非资源型城市工业二氧化硫排放情况

图2.15显示出资源型城市和非资源型城市工业烟尘排放情况。可以看出，资源型城市和非资源型城市工业烟尘排放强度均呈现明显下降趋势。资源型城市工业烟尘排放强度显著大于非资源型城市工业烟尘排放强度。

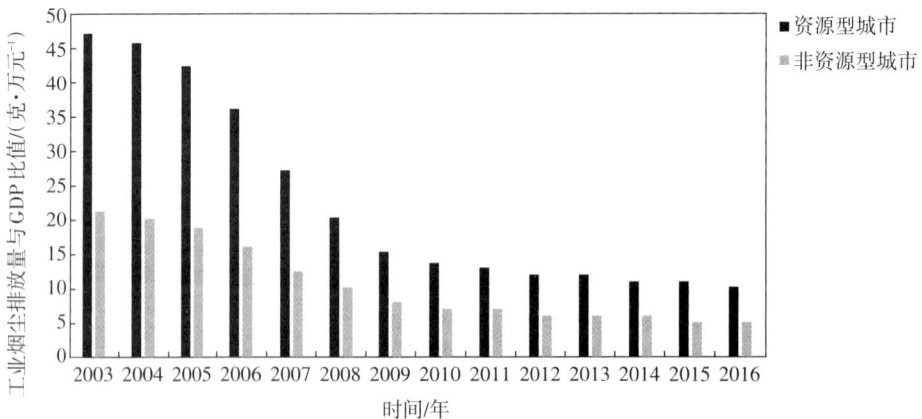

图2.15　资源型城市和非资源型城市工业烟尘排放情况

总体而言，资源型城市非期望产出均明显多于非资源型城市，体现出资源型城市经济发展方式具有高污染的特点，对城市的大气环境和水环境都造成较为严重的污染。

（2）不同成长阶段资源型城市非期望产出比较

图2.16表明了我国不同成长阶段资源型城市工业废水排放变化情况。可以看出，不同成长阶段资源型城市工业废水排放强度均呈现下降趋势。其中，成熟型资源型城市工业废水排放强度最大，明显大于其他成长阶段资源型城市工业废水排放强度。成长型资源型城市、衰退型资源型城市和再生型资源型城市工业废水排放情况相近。

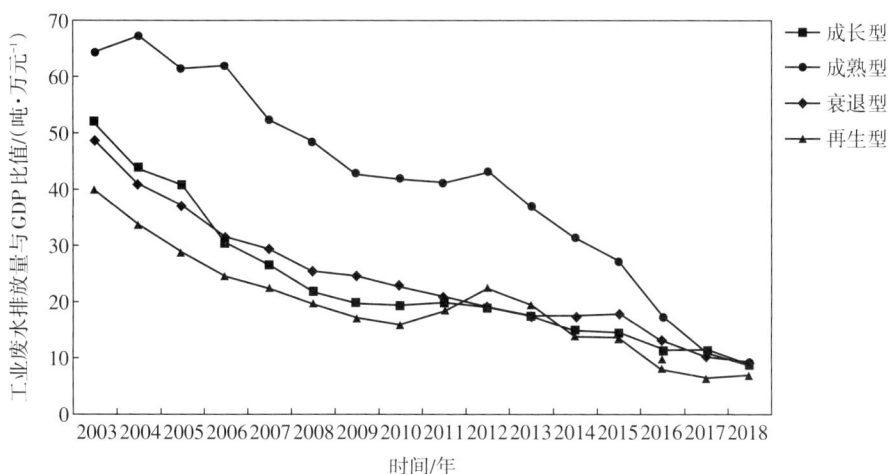

图2.16 不同成长阶段资源型城市工业废水排放情况

图2.17表明了我国不同成长阶段资源型城市工业二氧化硫排放变化情况。可以看出，我国不同成长阶段资源型城市工业二氧化硫排放强度总体上均呈现明显下降趋势。成熟型资源型城市工业二氧化硫排放情况最为严重，再生型资源型城市工业二氧化硫排放强度最低。

图2.18表明了我国不同成长阶段资源型城市工业烟尘排放变化情况。可以看出，不同成长阶段资源型城市工业烟尘排放强度均呈现下降趋势。成熟型资源型城市工业烟尘排放强度最大，再生型资源型城市工业烟尘排放强度最小。

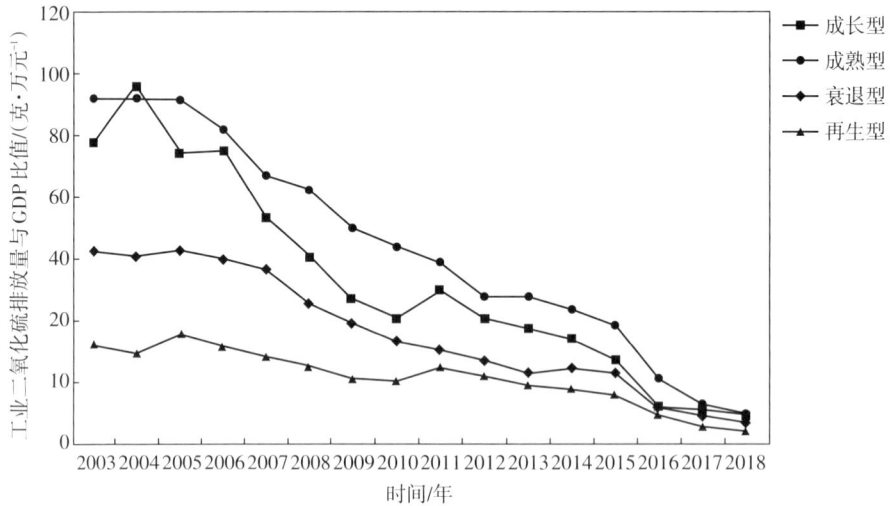

图2.17　不同成长阶段资源型城市工业二氧化硫排放情况

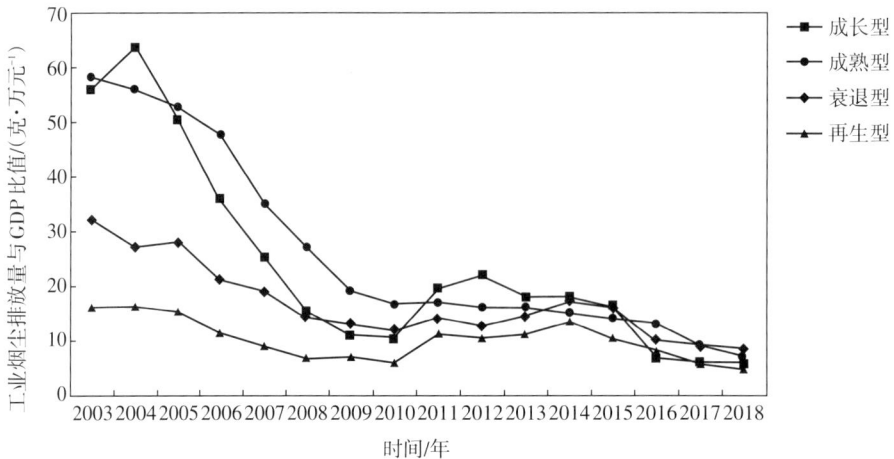

图2.18　不同成长阶段资源型城市工业烟尘排放情况

总体而言，成熟型资源型城市由于资源产业生产规模较大，因此往往产生较多的环境污染；再生型资源型城市通过逐渐摆脱资源产业，发展高新技术产业，实现污染排放的有效减少。

（3）不同地理区域资源型城市非期望产出比较

图2.19表明了我国不同地理区域资源型城市工业废水排放变化情况。可以看出，不同地理区域资源型城市工业废水排放强度均呈现显著下降趋势。总体而言，东部地区资源型城市、中部地区资源型城市和西部地区资源型城市工业废水排放强度相近，明显大于东北部地区资源型城市工业废水排放强度。

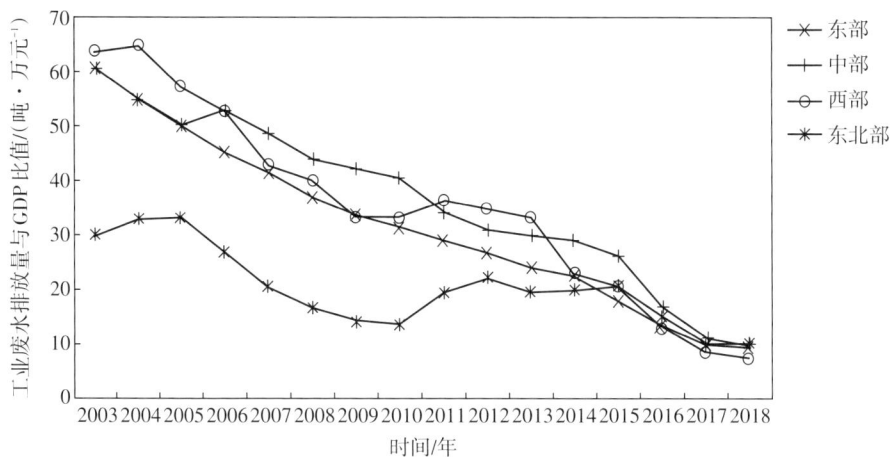

图2.19 不同地理区域资源型城市工业废水排放情况

图2.20表明了我国不同地理区域资源型城市工业二氧化硫排放变化情况。可以看出，不同地理区域资源型城市工业二氧化硫排放强度均呈现下降趋势。西部地区资源型城市工业二氧化硫排放强度最大，中部地区资源型城市工业二氧化硫排放强度略小于西部地区资源型城市，两者排放强度相差不大。东部地区和东北部地区资源型城市工业二氧化硫排放强度明显小于西部地区资源型城市。

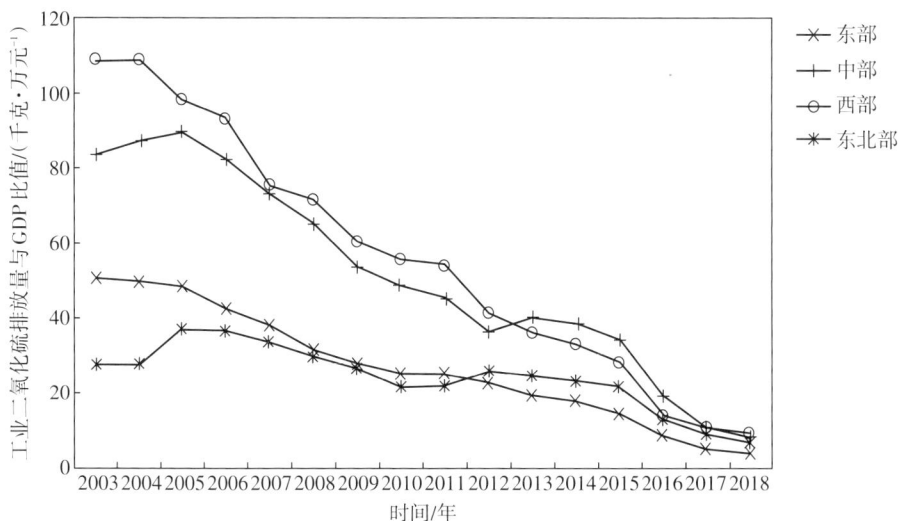

图2.20 不同地理区域资源型城市工业二氧化硫排放情况

图2.21表明了我国不同地理区域资源型城市工业烟尘变化情况。可以看出，2003—2010年，不同地理区域资源型城市工业烟尘排放强度均呈现明显

下降趋势，之后趋于平稳，略有小幅波动。总体而言，中部地区资源型城市工业烟尘排放强度最大，东部地区资源型城市工业烟尘排放强度最小。

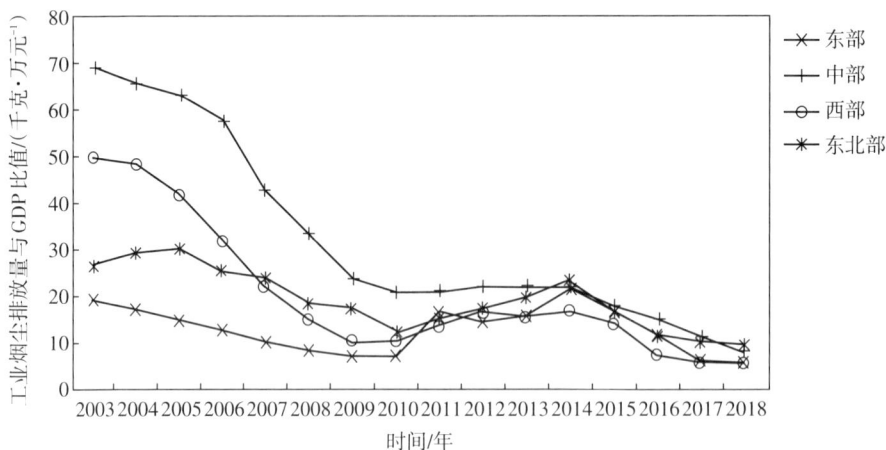

图2.21　不同地理区域资源型城市工业烟尘排放情况

总体而言，东部地区资源型城市环境污染程度较轻，中部地区和西部地区资源型城市环境污染相对严重。

（4）不同主导资源的资源型城市非期望产出比较

通过表2.8可以看出，对于工业废水排放情况，金属资源型城市排放强度最大，油气资源型城市排放强度最小。不同主导资源的资源型城市工业废水排放强度总体上均呈现下降趋势，且下降速率相近。对于工业二氧化硫排放情况，综合资源型城市排放强度最大，森工和非金属资源型城市排放强度最小。不同主导资源的资源型城市工业二氧化硫排放强度总体上呈现下降趋势，且下降速率相近。对于工业烟尘排放情况，煤炭资源型城市排放强度最大，非金属资源型城市排放强度最小。不同主导资源的资源型城市工业烟尘排放强度总体上呈现下降趋势，且下降速率相近。

表2.8　不同主导资源的资源型城市非期望产出情况

		煤炭类	非金属类	金属类	油气类	综合类	森工类
工业废水	2003年/(吨·万元⁻¹)	52	46	78	26	68	37
	2018年/(吨·万元⁻¹)	12	6	9	4	8	5
	均值/(吨·万元⁻¹)	31	26	49	15	35	21
	年均变动幅度	-4%	-5%	-6%	-5%	-6%	-5%
	总体趋势	下降	下降	下降	下降	下降	下降

表 2.8（续）

		煤炭类	非金属类	金属类	油气类	综合类	森工类
工业二氧化硫	2003年/(千克·万元⁻¹)	80	29	60	58	115	27
	2018年/(千克·万元⁻¹)	10	3	5	2	8	5
	均值/(千克·万元⁻¹)	51	18	36	24	60	18
	年均变动幅度	−5%	−6%	−6%	−6%	−6%	−5%
	总体趋势	下降	下降	下降	下降	下降	下降
工业烟尘	2003年/(千克·万元⁻¹)	61	15	27	42	55	33
	2018年/(千克·万元⁻¹)	9	4	7	2	6	5
	均值/(千克·万元⁻¹)	28	9	15	14	26	21
	年均变动幅度	−5%	−5%	−5%	−6%	−6%	−5%
	总体趋势	下降	下降	下降	下降	下降	下降

2.4 资源型城市的产业转型困境

基于上述对资源型城市与非资源型城市要素投入产出情况的比较分析发现，资源型城市面临要素投入非有效配置以及期望产出较少、非期望产出较多的发展现状，使其陷入产业转型困境，极大地限制了其产业转型过程的持续推进。

2.4.1 要素投入方面

（1）劳动力的结构和流动障碍与产业转型不匹配

由于资源型城市早期主要以劳动密集型的资源开采业和初级加工业为主导产业，城市聚集了大量产业工人，教育水平较低且技能较为单一[151]。在由资源产业向高技术产业、新兴产业等替代产业转型升级时，原有的劳动力结构难以满足产业结构转型的需要。此外，我国资源型城市的企业普遍存在股权结构和企业组织结构不合理的问题，资源产业中的国有企业冗员多并且就业观念固化，使劳动力结构不能随着产业结构转型升级而顺利转变，劳动力冗余，致使资源型城市的转型进展缓慢。另外，资源型城市的高技术劳动力不足问题较为严重。一方面，由于资源型城市地理位置偏远、交通不便、信息闭塞、环境污染等，所以高层次劳动力流入较少而流出比例较大。另一方面，受制于政府财力的匮乏，资源型城市相对缺乏吸引和留住高层次人才的福利制度，造成资源型城市中劳动力的流动不畅。综上，劳动力结构与产业结构转型的不匹配以及劳动力的流动障碍使资源型城市面临产业转型的困境。

（2）资本拥挤与稀缺并存和配置失衡阻碍产业转型

一方面，由于资源型城市的主导产业大多处于产业链低端位置，利润空间狭窄、产业链短，大部分企业利润低下，因此资源型城市的自我积累资金严重不足。而且，资源型城市一般远离区域的经济集聚中心，这种客观边缘性决定了追求高投资回报的市场资本难以流入资源型城市。这导致资本无法得到有效补给，资本投入状况进一步恶化，无法满足发展接续替代产业的需求，经济转型停滞不前，进展缓慢。另一方面，对于资源型城市，资源部门的边际生产率高于其他生产部门，导致物质资本从其他生产部门转移至资源部门，资源产业挤占了大量资本要素[152]。而且，政府对资本配置具有很强的控制能力，资本流动也受到行政命令的制约，从而导致资本流动受阻，区域间、产业间资本拥堵与稀缺并存，资本配置失衡现象普遍存在，民营企业和新兴产业的资金需求得不到有效满足，使资源型城市高新技术产业、服务业等新兴产业难以培育起来，从而阻碍了资源型城市后续的产业转型升级。

（3）能源消费结构滞后、新能源技术发展缓慢使产业转型成本居高不下

多年来，资源型城市主要依赖煤炭、石油等开采业，传统能源获得较易，因此多以电力和煤炭等传统能源为主，逐渐形成以化石能源为主的能源消费结构[153]。由于资本、人才和技术等方面的限制，新能源的开发利用尚未形成规模，较高的新能源使用成本让资源型城市更倾向于消费相对低廉的传统能源，从而固化了其旧有的能源消费结构。另外，资源型城市经济发展过程中，能源的利用大多是粗放型的，导致资源型城市的能耗水平远远高于一般城市，进而不可避免地造成了能源的浪费和生态环境的恶化。综上，能源消费结构滞后和新能源技术发展缓慢使资源型城市经济发展方式难以摆脱高耗能的特点，进而引发城市生态环境的恶化，这无疑加大了资源型城市产业转型的成本。高昂的转型成本使大多数资源型城市难以应对，城市的产业转型陷入困境。

2.4.2　期望产出方面

首先，资源型城市的期望产出具有总量小、增长慢的特点，其增长率往往低于全国平均水平。一方面，由于资源型城市的经济发展方式呈现粗放性的特征，主要以初级原材料的形式向外输出产品，大规模要素投入并没有带来相应的规模经济效益。另一方面，资源型城市的资源性产品与消费品之间存在扭曲的价格关系，使资源型城市在出口大量资源或低价原材料的同时，从外部进口高价轻工产品，导致城市的"双重利益"丧失。资源型城市较低水平的期望产出一定程度上限制了其转型的推进。

其次，资源产业长期占据支配地位，资源型城市形成了单一的期望产出结构，且具有相应的刚性和惯性。一方面，资源型城市的期望产出中与资源关联性最大的第二产业的期望产出比重过大，反映出资源型城市中服务业等第三产业发展严重滞后，城市的产业缺乏层次。另一方面，第二产业的期望产出中采掘业和原材料工业的比重较大，深加工等制造业的比重较小，反映了资源型城市产业结构的重工业化趋势。这种偏置的产出结构使资源型城市的经济具有明显的脆弱性和不稳定性，容易受到资源储量、发展条件和资源市场需求的强烈冲击，从而加大了资源型城市产业转型的难度。

2.4.3　非期望产出方面

由于资源开采、冶炼、加工等生产活动往往产生大量的废水、废气和固体废物等污染物质，资源型城市企业大多具有高能耗、高污染的性质。加之资源型城市在发展过程中本着先生产后生活的原则以及政府相关职能部门的监管不到位，使得资源型城市的高污染企业长期没有得到及时的整改和处理。因此，资源型城市中废气、废水和固体废物等非期望产出远远高于非资源型城市。近年来，资源型城市在遏制非期望产出增加以及生态环境保护方面做了许多针对性的工作，城市整体的非期望产出呈现出明显的下降趋势，但由于粗放型经济增长方式并没有得到根本性转变以及部分生态问题积重难返，资源型城市的整体生态环境状况依然不容乐观。生态环境的破坏也成为一种硬约束，制约了资本、劳动等生产要素的流入，阻碍了接续替代产业的进一步发展，进而使能源减排的难度进一步加大，从而形成了恶性循环，使资源型城市陷入产业转型的困境。

2.5　本章小结

　　本章总结了不同成长阶段、不同地理区域以及不同主导资源的资源型城市在资本、劳动、能源、技术等方面的禀赋条件，并结合资源型城市投入产出的发展现状对资源型城市与非资源型城市、不同类型资源型城市的要素投入和产出特征进行了比较分析，发现资源型城市普遍面临资本、劳动和能源要素投入的非有效配置。劳动力要素的结构和流动障碍、资本要素的配置失衡和能源要素的消费结构滞后使资源型城市面临期望产出较低和非期望产出较高引发的转型困境，这些无疑加大了资源型城市产业转型发展的成本和压力，使资源型城市转型进展缓慢。

3 资源型城市要素错配的识别与比较

通过对资源型城市资本、劳动和能源要素投入以及期望产出和非期望产出情况的比较分析，发现资源型城市存在高耗能、低产出、高污染的发展现状，要素流动存在障碍，没有达到有效配置，产业转型陷入困境。如何科学地量化和识别资源型城市要素错配的程度和方向对于推进资源型城市产业转型具有重要的现实意义。因此，本章在 Aoki [154] 模型的基础上，纳入能源要素，结合地区层面数据，对我国地级市的要素错配程度进行测算，并通过资源型城市与非资源型城市的对比以及不同类别资源型城市的对比识别资源型城市要素错配的程度和方向特征。

3.1 要素错配的识别方法

基于对要素错配不同测算方法的梳理以及分析范式利弊的比较，本书重点构建了资源型城市要素错配的测算模型，并定义了要素错配的程度和方向。

3.1.1 理论基础

新古典经济理论指出，在完全竞争市场下，要素的边际产品价值与要素实际价格相等，要素自由流动。然而在现实生活中不存在完全竞争市场，因此会出现要素实际价格与边际产出背离的情况，即存在要素价格扭曲，此时便产生了要素错配现象。

参考已有文献，要素错配可分为内涵型要素错配和外延型要素错配两类。其中，内涵型要素错配指要素的边际收益在截面上不相等，即并不符合完全竞争市场和凸性技术水平条件下各厂商投入的生产要素所带来的边际产出相等的要素有效配置的定义，存在矫正要素错配使厂商增加产出的可能性。外延型要素错配指在一个市场中，厂商投入的生产要素所带来的边际产出都相等，而厂商仍可通过重新配置要素来增加产出。本书研究的是"内涵型要素错配"。此外，要素市场普遍存在绝对扭曲和相对扭曲：绝对扭曲是指在单一要素前提下，边际产出和产出品价值不匹配；相对扭曲是指在多个要素前提下，多部门工资比例不一致。本书研究的是多要素下的要素错配。

现有研究对要素错配的识别主要依据两种思路：一种是以 Hepenhayn，Gunner 为代表的对要素错配程度的直接测算。他们将形成要素错配的多种原因分类，并将其影响因子化，通过异质性的生产函数实现对要素错配的量化。另一种是以 Aoki[154] 提出的 AK 模型、Hsieh 和 Klenow[155] 提出的 HK 模型为代表的目前较为主流的间接测算法。两种间接测算法的主要区别在于 HK 模型假设市场处于完全竞争状态，假定企业或行业技术同质化，此时要素错配多集中在企业或行业内部；而 AK 模型则建立在垄断竞争的市场结构下，允许企业或行业面临不同的要素扭曲，此时要素错配反映在要素在不同效率的企业或行业间的配置损失上。综合本书的研究主题，资源型城市的要素错配主要集中在行业间，因此本书基于 AK 模型进行要素错配的测算与识别。

Aoki[154] 建立了一个具有部门特性的多部门竞争均衡模型。经济中有工业部门 i。每个部门的企业通过两种要素投入——资本 K 和劳动 L（此后 j 表示一般的要素投入）来生产产品，产品在部门内同质，在部门间异质。在商品和要素市场上，企业都是价格的接受者，它们对资本和劳动力投入支付线性税，这些税因行业而异。因此，i 部门的公司生产的产品是在 i 部门的产品价格 p_i 的前提下生产的，资本和劳动力成本分别为 $(1+\tau_{K_i})p_K$ 和 $(1+\tau_{L_i})p_L$，其中 τ_{K_i} 和 τ_{L_i} 分别为该部门的资本税和劳动税，p_K 和 p_L 分别为跨部门资本和劳动的公共要素价格。由于每个部门生产不同的商品，商品价格 p_i 可以在均衡中在不同部门之间变化（即使没有税收）。另外，由于资本和劳动力在各个部门之间是同质的，如果 $\tau_{K_i}=0$ 和 $\tau_{L_i}=0$，则企业的要素成本是均等的。假设一个公司生产函数的规模收益是恒定的（CRS），下面使用一个公司来确定一个部门。

公司的生产函数为柯布-道格拉斯生产函数，可以写成如下形式：

$$V_i = F_i(K_i, L_i) \equiv A_i K_i^{\alpha_i} L_i^{1-\alpha_i} \tag{3.1}$$

其中，V_i 是产出，K_i 是资本投入，L_i 是劳动投入，A_i 是公司的生产率。

假设资本密集度 α_i 可以随着行业的不同而变化。在这种情况下，公司的利润最大化可以表示为：

$$\max_{K_i, L_i}\left\{p_i F_i(K_i, L_i) - \left(1 + \tau_{K_i}\right) p_K K_i - \left(1 + \tau_{L_i}\right) p_L L_i\right\}$$

一阶条件如下：

$$\frac{\alpha_i p_i V_i}{K_i} = \left(1 + \tau_{K_i}\right) p_K \tag{3.2}$$

$$\frac{(1 - \alpha_i) p_i V_i}{L_i} = \left(1 + \tau_{L_i}\right) p_L \tag{3.3}$$

如果一家公司的利润为负，那么对于任何正的 K_i 和 L_i，公司选择不生产，并且上述一阶条件不成立。假设：

$$V = V(V_1, \cdots, V_i) \tag{3.4}$$

$$\frac{\partial V}{\partial V_i} = p_i \tag{3.5}$$

如果 V 是总商品，且从 V_i 生产 V 的企业具有竞争力，那么满足：

$$V = \sum_i p_i V_i \tag{3.6}$$

假设总资本和总劳动力供给是外生的，因此应用资源约束：

$$K = \sum_i K_i \tag{3.7}$$

$$L = \sum_i L_i \tag{3.8}$$

其中，K 和 L 分别为总资本和总劳动力供给。

经济体的竞争均衡是一个集合 $\{V_i, K_i, L_i, p_i\}$，满足前面的一阶条件、规模报酬不变和资源约束条件。由此利用平衡条件推导可以表示出 K_i：

$$K_i = \frac{\dfrac{\left(1 + \tau_{K_i}\right) p_K K_i}{\left(1 + \tau_{K_i}\right) p_K}}{\sum_j \dfrac{\left(1 + \tau_{K_i}\right) p_K K_i}{\left(1 + \tau_{K_i}\right) p_K}} K = \frac{p_i V_i \alpha_i \dfrac{1}{\left(1 + \tau_{K_i}\right) p_K}}{\sum_j p_i V_i \alpha_i \dfrac{1}{\left(1 + \tau_{K_i}\right) p_K}} K = \frac{\tilde{\sigma}_i \alpha_i \dfrac{1}{\left(1 + \tau_{K_i}\right)}}{\sum_j \tilde{\sigma}_i \alpha_i \dfrac{1}{\left(1 + \tau_{K_i}\right)}} K$$

同理可推导出 L_i。

其中，$\tilde{\sigma}_i$ 为地区实际总产出占整个经济总产出的份额，即 $\tilde{\sigma}_i = p_i V_i / V$。

因此还可以表示为：

$$K_i = \frac{\tilde{\sigma}_i \alpha_i}{\tilde{\alpha}} \tilde{\lambda}_{K_i} K \tag{3.9}$$

$\tilde{\alpha}$ 是资本强度的加权平均值，$\tilde{\alpha} = \sum_i \tilde{\sigma}_i \alpha_i$。$\tilde{\lambda}_{K_i}$ 表示为：

$$\tilde{\lambda}_{K_i} \equiv \frac{\lambda_{K_i}}{\sum_j \dfrac{\tilde{\sigma}_j \alpha_j}{\tilde{\alpha}} \lambda_{K_i}}, \quad \lambda_{K_i} = \frac{1}{1+\tau_{K_i}} \tag{3.10}$$

同理，可以得到劳动力的均衡分配：

$$L_i = \frac{\tilde{\sigma}_i(1-\alpha_i)}{1-\tilde{\alpha}} \tilde{\lambda}_{K_i} L \tag{3.11}$$

其中

$$\tilde{\lambda}_{K_i} \equiv \frac{\lambda_{K_i}}{\sum_j \dfrac{\tilde{\sigma}_j(1-\alpha_j)}{1-\tilde{\alpha}} \lambda_{K_i}}, \quad \lambda_{K_i} = \frac{1}{1+\tau_{K_i}} \tag{3.12}$$

式（3.9）至式（3.12）揭示了税收对资本和劳动力资源配置的几种影响。首先，从式（3.9）和式（3.11）中发现，税收主要通过 $\tilde{\lambda}_{ji}$ 影响资源配置，虽然税收也可以影响 $\tilde{\sigma}_i$。其次，从式（3.10）和式（3.12）中发现，$\tilde{\lambda}_{ji}$ 是部门 i 要素投入回报的倒数与部门间回报倒数的均值之比。由于这一特性，税收的绝对数额并不影响各部门之间的资源分配。另外，跨部门的税收分配影响资源配置。Aoki[154] 不测量 λ_{ji} 本身，而是测量 $\tilde{\lambda}_{ji}$。$\tilde{\lambda}_{ji}$ 是用式（3.9）和式（3.11）的重写形式来测量的：

$$\tilde{\lambda}_{K_i} = \left(\frac{\tilde{\sigma}_i \alpha_i}{\tilde{\alpha}}\right)^{-1} \frac{K_i}{K}, \quad \tilde{\lambda}_{K_i} = \left[\frac{\tilde{\sigma}_i(1-\alpha_i)}{1-\tilde{\alpha}}\right]^{-1} \frac{L_i}{L} \tag{3.13}$$

3.1.2 模型构建

本书以 Aoki[154] 的核算框架为基础，将能源纳入生产函数中，并将错配测算从行业拓展到地区层面，探究一个包含 N 个地区经济体的竞争均衡模型，假设：

① 地区内的所有企业均为同质，具有相同的生产函数，地区间存在异质性，视每个地区为一个代表性企业进行生产。

② 所有地区都使用资本、劳动、能源（K，L，E）要素进行生产，假定在每个考察期内，资本、劳动和能源要素的总量都为外生给定的，即 $K = \sum_i K_i$，$L = \sum_i L_i$，$E = \sum_i E_i$ 为地区面临的资源约束条件。

③ 在完全竞争条件下，企业是价格接受者，资本、劳动和能源的价格分别是 p_K，p_L，p_E。

④ 在市场中存在要素价格扭曲，本书将扭曲以"从价税"的形式表现，定义地区 i 中资本、劳动和能源的价格扭曲程度分别为 τ_{K_i}，τ_{L_i}，τ_{E_i}。

⑤ 参数 α_i，β_i，γ_i 分别表示资本、劳动和能源三种要素的产出弹性，假定生产函数规模报酬不变。从 C-D 生产函数出发，地区 i 的代表性企业生产函数具体形式如下：

$$Y_i = F_i(A_i,\ K_i,\ L_i,\ E_i) = A_i K_i^{\alpha_i} L_i^{\beta_i} E_i^{\gamma_i} \tag{3.14}$$

其中，Y_i 表示产出，K_i，L_i，E_i 分别表示企业投入中的资本、劳动和能源投入。

要素错配测量通常是在加总水平上进行的，因此在研究要素错配程度时需要保证所构建的加总生产函数有意义。不同产品的加总是否合适需要进行一些检验，这些检验准则通称为希克斯与里昂惕夫加总条件（Hicks and Leontief conditions）。通常必须保证不同产品满足关于生产函数的可分离性条件。因此，本书借鉴已有文献[156]假定社会最终产品是经济中的计价物，价格为 1，有：

$$Y = F(Y_1,\ Y_2,\ \cdots,\ Y_N) \tag{3.15}$$

$$\frac{\partial Y}{\partial Y_i} = P_i \tag{3.16}$$

根据欧拉定理可以得出：

$$Y = \prod_{i=1}^{N} Y_i^{\sigma_i} \tag{3.17}$$

从经济意义层面，整个经济体的产值等于各个地区产值的加总。σ_i 为地区实际总产出占整个经济总产出的份额，即 $\sigma_i = p_i Y_i / Y$。

根据上述设定，某个经济体拥有 i 个地区，整个经济体中的要素总量 K，L，E 为外生给定，价格分别为 p_K，p_L，p_E，地区（$i=1,\ \cdots,\ N$）内的所有企业面临相同的生产函数，相同的要素产出弹性 α_i，β_i，γ_i 以及扭曲"税" τ_{K_i}，τ_{L_i}，τ_{E_i}，地区 i 的代表性企业追求利润最大化，产品价格为 P_i，此时方程式表示如下：

$$\max_{K_i, L_i, E_i} \left\{ p_{Y_i} Y_i - (1+\tau_{K_i}) p_K K_i - (1+\tau_{L_i}) p_L L_i - (1+\tau_{E_i}) p_E E_i \right\} \tag{3.18}$$

$$\text{s.t. } K = \sum_i K_i, \quad L = \sum_i L_i, \quad E = \sum_i E_i \tag{3.19}$$

此处 P 为地区 i 的产品价格。由于本书主要研究要素市场的价格扭曲，且我国产品市场的价格扭曲程度远小于要素市场，因此假定产品市场的价格无扭曲。

式（3.18）中最优解的一阶条件为：

$$\alpha_i p_{Y_i} Y_i K_i^{-1} = (1 + \tau_{K_i}) p_K \tag{3.20}$$

$$\beta_i p_{Y_i} Y_i L_i^{-1} = (1 + \tau_{L_i}) p_L \tag{3.21}$$

$$\gamma_i p_{Y_i} Y_i E_i^{-1} = (1 + \tau_{E_i}) p_E \tag{3.22}$$

那么，带有扭曲的竞争均衡条件下的模型求解问题变为：

$$\{K_i, \ L_i, \ E_i; \ P_i, \ P_K, \ P_L, \ P_E; \ F\}$$

在满足以上条件下求解，可以得到竞争均衡下，带有要素价格扭曲的 K_i，L_i，E_i 值：

$$K_i = \frac{\dfrac{\alpha_i p_{Y_i} Y_i}{(1 + \tau_{K_i}) p_K}}{\sum_j \dfrac{\alpha_j p_{Y_j} Y_j}{(1 + \tau_{K_j}) p_K}} K = \frac{\sigma_i \alpha_i \dfrac{1}{1 + \tau_{K_i}}}{\sum_j \sigma_j \alpha_j \dfrac{1}{1 + \tau_{K_j}}} K \tag{3.23}$$

$$L_i = \frac{\dfrac{\beta_i p_{Y_i} Y_i}{(1 + \tau_{L_i}) p_L}}{\sum_j \dfrac{\beta_j p_{Y_j} Y_j}{(1 + \tau_{L_j}) p_L}} L = \frac{\sigma_i \beta_i \dfrac{1}{1 + \tau_{L_i}}}{\sum_j \sigma_j \beta_j \dfrac{1}{1 + \tau_{L_i}}} L \tag{3.24}$$

$$E_i = \frac{\dfrac{\gamma_i p_{Y_i} Y_i}{(1 + \tau_{E_i}) p_E}}{\sum_j \dfrac{\gamma_j p_{Y_j} Y_j}{(1 + \tau_{E_j}) p_E}} E = \frac{\sigma_i \gamma_i \dfrac{1}{1 + \tau_{E_i}}}{\sum_j \sigma_j \gamma_j \dfrac{1}{1 + \tau_{E_j}}} E \tag{3.25}$$

3.1.3　识别方法

为了定量分析要素扭曲程度，需要给出一个有关要素价格扭曲系数的定义。参考陈永伟[156]研究，本书分别定义两类扭曲系数：绝对扭曲系数和相对扭曲系数。

（1）要素价格绝对扭曲系数

绝对扭曲系数反映资源使用成本绝对值的信息。对于资本 K_i，地区 i 的代表性企业所面临的资本价格扭曲"税"是 τ_{K_i}，则要素价格的扭曲系数为 $\lambda_{K_i} = 1/(1 + \tau_{K_i})$，这体现了资金的使用成本。当 $\lambda_{K_i} > 1$ 时，$\tau_{K_i} < 0$，资金获得成本低于正常水平；当 $\lambda_{K_i} < 1$ 时，$\tau_{K_i} > 0$，资本获得成本高。同理可以得到劳动和能源的绝对扭曲系数。综上，地区 i 资本、劳动和能源的绝对扭曲系数分别为：$\lambda_{K_i} = 1/(1 + \tau_{K_i})$，$\lambda_{L_i} = 1/(1 + \tau_{L_i})$，$\lambda_{E_i} = 1/(1 + \tau_{E_i})$。

（2）要素价格相对扭曲系数

要素价格绝对扭曲系数具有局限性，它无法准确地得出价格扭曲"税"，也无法反映其与经济体平均水平的相对差异。因此，本书通过界定要素价格相对扭曲系数来反映地区 i 中投入要素价格的相对扭曲状况。如果所有地区的要素绝对扭曲同时发生变化，要素价格按同比例上升，那么要素在各地区的相对使用价格仍将保持不变，在地区间的配置情况不会发生改变。因此，在研究要素错配问题时，需要关注要素价格的"相对"扭曲程度。

在上述竞争均衡的前提下，将地区 i 的产值与该行业总产值之比记作 $\sigma_i = \dfrac{P_i Y_i}{Y}$，以资本为例，整个经济体的资本贡献以产出加权后为 $\tilde{\alpha} = \sum_i \sigma_i \alpha_i$。则地区 i 的资本价格相对扭曲系数为：$\hat{\lambda}_{K_i} = \lambda_{K_i} \Big/ \Big[\sum_j (\sigma_j \alpha_j / \tilde{\alpha}) \lambda_{K_j} \Big]$。资本要素价格相对扭曲系数反映了与整个行业的平均水平相比的子行业 i 资本价格的扭曲程度：当 $\hat{\lambda}_{K_i} > 1$ 时，地区 i 以低于经济体平均水平的成本获取资金；当 $\hat{\lambda}_{K_i} < 1$ 时，地区 i 以高于经济体平均水平的成本获取资金。

同理可以推出劳动力和能源的价格相对扭曲系数。相应地，地区 i 资本、劳动力和能源的相对扭曲系数分别为 $\hat{\lambda}_{K_i} = \lambda_{K_i} \Big/ \Big[\sum_j (\sigma_j \alpha_j / \tilde{\alpha}) \lambda_{K_j} \Big]$，$\hat{\lambda}_{L_i} = \lambda_{L_i} \Big/ \Big[\sum_j (\sigma_j \beta_j / \tilde{\beta}) \lambda_{L_j} \Big]$，$\hat{\lambda}_{E_i} = \lambda_{E_i} \Big/ \Big[\sum_j (\sigma_j \gamma_j / \tilde{\gamma}) \lambda_{E_j} \Big]$。其中，$\tilde{\alpha} = \sum_i \sigma_i \alpha_i$，$\tilde{\beta} = \sum_i \sigma_i \beta_i$，$\tilde{\gamma} = \sum_i \sigma_i \gamma_i$。

依据上述界定，在实际测算时，要素价格相对扭曲系数能够测算出来，由式（3.23）至式（3.25）可以推出：

$$K_i = \frac{\sigma_i \alpha_i}{\tilde{\alpha}} \hat{\lambda}_{K_i} K \tag{3.26}$$

$$L_i = \frac{\sigma_i \beta_i}{\tilde{\beta}} \hat{\lambda}_{L_i} L \qquad (3.27)$$

$$E_i = \frac{\sigma_i \gamma_i}{\tilde{\gamma}} \hat{\lambda}_{E_i} E \qquad (3.28)$$

那么，地区 i 资本、劳动、能源三种基本要素的相对扭曲系数分别为：

$$\hat{\lambda}_{K_i} = \left(\frac{\sigma_i \alpha_i}{\tilde{\alpha}} \right)^{-1} \frac{K_i}{K} \qquad (3.29)$$

$$\hat{\lambda}_{L_i} = \left(\frac{\sigma_i \beta_i}{\tilde{\beta}} \right)^{-1} \frac{L_i}{L} \qquad (3.30)$$

$$\hat{\lambda}_{E_i} = \left(\frac{\sigma_i \gamma_i}{\tilde{\gamma}} \right)^{-1} \frac{E_i}{E} \qquad (3.31)$$

（3）要素错配程度衡量（错配程度和错配方向）

本书研究要素在不同地区间的配置状况，因此要素市场上资源价格的相对扭曲程度更为重要。从最优条件的角度来看，如果整个经济体的要素扭曲"税"同时变化，要素价格也会以同样的比例上升；但假设各个地区内要素的相对使用价格并未改变，那么要素在行业间的配置也不会发生变化，更契合本书有关某一经济体内资源在不同地区间的配置有效性研究的界定。

以资本为例，$\hat{\lambda}_{K_i} = \left(\frac{\sigma_i \alpha_i}{\tilde{\alpha}} \right)^{-1} \frac{K_i}{K}$ 中 $\frac{K_i}{K}$ 表示地区 i 的实际资本投入额占整个经济体总资本投入额的比例；分母 $\frac{\sigma_i \alpha_i}{\tilde{\alpha}}$ 表示资本实现有效配置时，地区 i 的资本投入额的理论占比；两者的比值即为地区 i 中的资本错配程度。当 $\hat{\lambda}_{K_i} > 1$ 时，说明地区 i 表现为过度使用了资本；当 $\hat{\lambda}_{K_i} < 1$ 时，说明地区 i 资本利用率低。劳动和能源错配规律与此相同。同样地，假使整个经济体都不存在资本扭曲"税"，所有子行业的要素价格的相对扭曲系数就均为1。

通过式（3.29）至式（3.31），本书将要素价格的相对扭曲表现出来，将要素使用成本的扭曲和资源配置有效性建立联系。因此，在本书中，要素价格相对扭曲系数大于1表明资源配置过度，要素价格相对扭曲系数小于1表明资源配置不足，要素价格相对扭曲系数等于1表明资源配置最优。

基于上述要素错配系数的定义，由于资本、劳动和能源的产出弹性有可能为负数，因此本书用错配系数减去1的绝对值来表示要素错配程度的大小。绝对值越大，表示要素错配程度越大。

3.2 资源型城市要素错配的特征识别

3.2.1 数据来源与变量选择

（1）样本选择与数据来源

关于时间范围，本书选取2003—2018年的数据进行要素错配的测算以更好地刻画资源型城市要素错配的长期特征。关于样本范围，本书选取中国地级市层面的数据，并将总样本分为资源型城市和非资源型城市两个子样本来对比并识别出资源型城市与非资源型城市之间要素错配程度的差异。需要指出的是，资源型城市的样本来自《全国资源型城市可持续发展规划（2013—2020年）》公布的资源型城市名单，并剔除了数据缺失严重的普洱市，即共有114个资源型城市。非资源型城市中，本书一方面剔除了北京、天津、上海和重庆4个直辖市来降低城市间的体量差别，另一方面剔除了巢湖市、毕节市、铜仁市、三沙市、海口市、三亚市、拉萨市7个存在撤销与升级以及数据严重缺失的地级市。综上，本书选取278个地级市为总体样本，其中资源型城市114个、非资源型城市164个。此外，由于能源投入指标全社会用电量仅有市辖区层面的数据，为了统一口径，保持能源错配的准确性，本书均采用市辖区层面的数据进行测算。本书资本投入、劳动投入、能源投入、期望产出的相关数据均来源于《中国城市统计年鉴》《中国统计年鉴》。

（2）变量选择与定义

资本投入用各地级市的资本存量来衡量，而各地级市资本存量数据不能直接获得，因此需要估算资本存量。已有研究中，资本存量的测算方法主要有两种：一种是直接采用统计数据固定资产原值或固定资产净值作为资本存量；另一种是永续盘存法。本书采用学术界较为常用的永续盘存法来估算各地级市的资本存量，其公式为：

$$K_{it} = (1 - \delta_{it})K_{i,t-1} + E_{it} \tag{3.32}$$

其中，K_{it} 表示 i 城市第 t 期的资本存量；$K_{i,t-1}$ 表示 i 城市第 $t-1$ 期的资本存量；

E_{it}表示i城市第t期用固定资产价格指数平减后的固定资产投资；δ_{it}表示i城市第t期的固定资产折旧率，本书选取5%作为固定资产折旧率。关于初始资本存量的确定，本书参考Young[157]的方法，用2003年的固定资产投资总额除以10%作为基期资本存量。

劳动投入为各地级市的实际劳动投入，现有文献中衡量劳动投入的指标主要为雇佣人员数量、劳动力投入时长和工资水平。鉴于城市层面数据的局限，本书选取在岗职工平均人数这一指标来衡量劳动要素投入。

能源投入用各地级市工业用电量来衡量。在以往关于要素错配的研究中，较多学者采用用电量作为衡量能源投入的指标[158-160]。一方面，由于电力需求的GDP弹性估计值非常接近能源需求的GDP弹性，表明电力是中国能源消费的主要形式[161]；另一方面，煤炭和石油供需在中国能源生产和消费总量中明显被低估，相比之下，由计算机直接读出的电力消费量数据更加准确[162]。因此，本书采用工业用电量来衡量能源要素投入。

产出变量用实际GDP来衡量。本书采用历年GDP平减指数对名义GDP进行平减处理得到实际GDP。

表3.1　样本数据的描述性统计

变量名称	指标选择	样本数	平均值	标准差	最小值	最大值
资本投入	资本存量	4448	4232.14	5520.58	22.21	42212.70
劳动投入	在岗平均人数	4448	24.08	36.53	0.77	469
能源投入	工业用电量	4448	69.00	100.03	0.22	912.06
产出	实际GDP	4448	520.18	977.30	5.16	13039.02

（3）要素产出弹性的测算

基于式（3.26）至式（3.28），要素错配的测算还需要各要素的产出弹性数据，但并不能直接找到各要素的产出弹性数据，因此，本书借鉴相关文献，采用变参数模型中的随机系数模型（random coefficient model）分别对资本、劳动和能源的产出弹性进行测算。

回归系数反映经济变量间的一种关系，它可能随时间而变化，因此认为它受随机因素影响，将系数β_i视为随机变量，假设$\beta_i = \beta + v_i$。其中，β为常数向量，v_i为随机向量，且满足条件期望$E(v_i|x_i) = 0$，以及条件协方差矩阵

$Var(\upsilon_i|x_i)=\sum$ 对角矩阵。因此， $y_{it}=x'_{it}\beta_i+\varepsilon_{it}=x'_{it}(\beta+\upsilon_i)+\varepsilon_{it}=x'_{it}\beta+(x'_{it}\upsilon_i+\varepsilon_{it})$ ，由于 $E(\upsilon_i|x_i)=0$ ，通过使用迭代期望定律，可以证明复合扰动项 $(x'_{it}\upsilon_i+\varepsilon_{it})$ 的协方差矩阵为分块对角矩阵。Swamy[163] 提出用 FGLS 来估计此模型，然后使用 GLS 估计。用这种方法可以允许每个截面个体的每个估计系数均为变系数，得到各个城市的结果。

由于本书采用的生产函数为柯布-道格拉斯生产函数，因此可对等式两边进行取对数处理，得到如下公式：

$$\ln Y_i = \alpha_i \ln K_i + \beta_i \ln L_i + \gamma_i \ln E_i + \varepsilon_i \qquad (3.33)$$

利用 Stata 15 进行随机系数模型的测算，得出各地级市 α_i ， β_i ， γ_i 的值，即为各地级市对应的资本、劳动和能源的产出弹性。

表3.2 资本、劳动和能源的产出弹性

要素的产出弹性	总体	资源型城市	非资源型城市
资本产出弹性	0.37	0.34	0.38
劳动产出弹性	0.18	0.15	0.19
能源产出弹性	0.24	0.23	0.25

由表3.2可知，从总体均值看，资本产出弹性最大，而劳动产出弹性最小，反映出城市的发展主要依赖资本要素投入的增加。从城市分类看，资源型城市各要素的产出弹性均小于非资源型城市。

3.2.2 要素错配识别

本书基于要素错配的测算模型［式(3.16) 至式（3.18）］分别计算出我国各地级市资本、劳动和能源的错配相对系数。由于个别地级市的测算结果存在异常，为了排除这些异常值对测算结果分析的影响，本书进行测算结果的断尾处理，并用2003—2018年各要素错配程度的均值绘制了三种要素错配程度的趋势图。

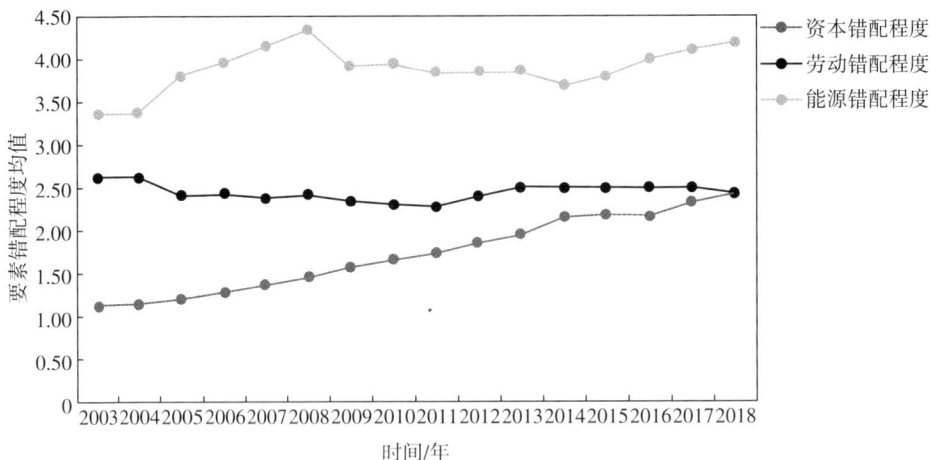

图3.1 各地级市的要素错配程度

图3.1报告了全国各地级市资本、劳动和能源的错配程度。从均值上看，能源错配程度最大（均值为3.87），劳动错配程度的均值为2.43，资本错配程度相对较小（均值为1.71）。这说明，从全国整体来看，能源错配程度最严重，而资本错配程度较轻。从变化趋势上看，能源和资本的错配程度在2003—2018年虽有波动，但整体呈上升趋势，说明能源和资本错配情况逐年恶化，尤其是资本错配程度上升至将近1.5倍。相较而言，劳动错配程度波动较为平缓，一直保持在2.50左右，意味着全国范围内各地级市的劳动错配现象虽然较为严重，但并没有逐渐恶化。

根据要素错配的方向，本书分别总结了资本、劳动、能源配置过度和配置不足的地级市数量分布。发现在254个样本地级市中，多数年份有一半以上地级市的资本和能源错配系数大于1，而劳动错配系数小于1，说明我国较多地级市的资本和能源配置过度，而劳动配置不足。从变化趋势上看，资本和能源配置不足的地级市数量呈下降趋势，而劳动配置不足的地级市数量在增加。这反映出我国各地级市的资本和能源投入均在增加，而劳动投入在减少。

表3.3 资本、劳动、能源配置过度和配置不足的城市数量分布

年份	资本错配系数		劳动错配系数		能源错配系数	
	大于1	小于1	大于1	小于1	大于1	小于1
2003	123	131	74	180	122	132
2004	142	112	74	180	124	130

表 3.3（续）

年份	资本错配系数		劳动错配系数		能源错配系数	
	大于1	小于1	大于1	小于1	大于1	小于1
2005	150	104	68	186	133	121
2006	156	98	68	186	136	118
2007	161	93	69	185	138	116
2008	160	94	69	185	135	119
2009	170	84	68	186	139	115
2010	168	86	67	187	135	119
2011	168	86	66	188	135	119
2012	174	80	67	187	135	119
2013	175	79	64	189	134	120
2014	176	78	71	183	134	120
2015	183	71	69	185	134	120
2016	184	70	69	185	134	120
2017	182	72	67	187	132	122
2018	183	71	68	186	132	122
变化	60	−60	−6	6	10	−10

3.3 资源型城市要素错配比较分析

基于要素错配的测算框架，本书识别了我国地级市整体的资本、劳动和能源的错配程度和方向。那么，资源型城市是否呈现出与非资源型城市不同的要素错配情况呢？不同成长阶段、地理区域以及主导资源的资源型城市中三种要素错配的程度和方向是否有所差异呢？本书将地级市总体样本区分为资源型城市和非资源型城市两类，进一步对比考察两类城市的差异，然后将资源型城市按照成长阶段、地理区域和主导资源分类以更为深入地剖析不同类型资源型城市资本、劳动和能源三种要素错配的差异。

3.3.1 资源型城市与非资源型城市比较

图 3.2 报告了资源型城市和非资源型城市资本、劳动和能源要素的错配程

度。总体上看，资源型城市三种要素的错配程度均大于非资源型城市。资源型城市资本、劳动和能源的错配程度均值分别为2.08，2.52，4.36，而非资源型城市资本、劳动和能源的错配程度均值分别为1.48，2.38，3.56。目前资源型城市拥有不完善的价格政策体系、不健全的价格改革配套制度，致使资源要素存在障碍，因此资源价格构成的不合理使资源价格没有准确反映资源价值，导致资源的低价或无偿使用，残留落后产能，产业升级转型滞后，资源型城市形成了更严重的要素错配问题。从变动趋势上看，资源型城市的资本要素错配程度上升趋势明显，2003—2018年上升了将近1倍，劳动错配程度呈先下降后上升趋势，能源错配程度呈先上升后下降趋势。而非资源型城市的资本和能源错配程度变化大致呈W形，劳动错配程度变化相对平稳。

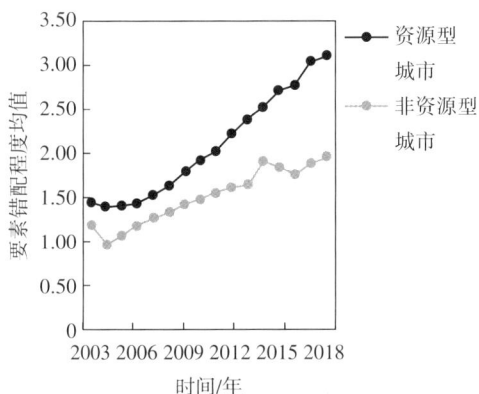

（a）资本错配

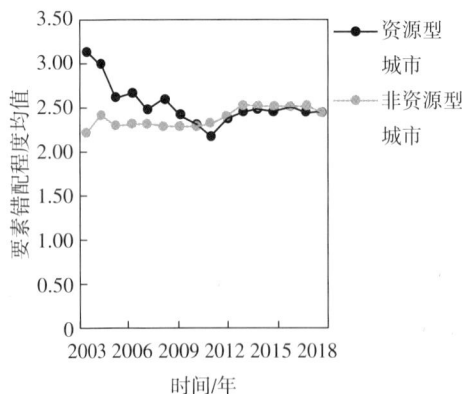

（b）劳动错配

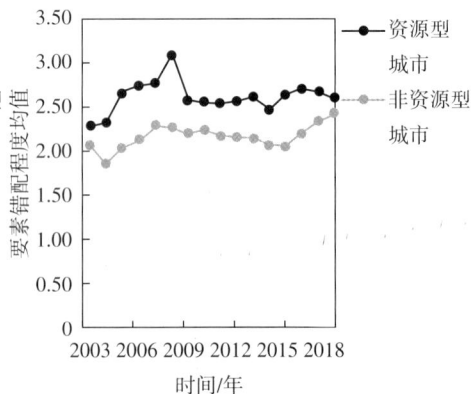

（c）能源错配

图3.2　资源型城市与非资源型城市要素错配程度比较

表3.4报告了资源型城市与非资源型城市要素错配方向的地级市数量分布。可以看出，资源型城市多数年份资本和能源配置过度的城市平均占比分别为74.7%和55.9%，远远超过非资源型城市（59.4%和50.3%），说明资源型城市资本和能源的利用率较低。就资源禀赋而言，资源型城市拥有丰富的自然资源，为现代工业与制造业经济建设提供了物质基础，但较长时期内，资源型城市以总量发展为导向，重视发展的速度，忽视了发展的质量，即存在"资源诅咒"现象，充裕的自然资源反而降低了生产材料的分配和利用效率。资源型城市与非资源型城市中劳动配置不足的城市占比分别为70.7%和74.4%，反映了劳动配置不足的现象在我国地级市中较为普遍。在我国劳动力市场发展过程中，城市存在地方分权制度，各个城市间设立政策壁垒保护当地劳动力市场，造成了市场进入壁垒，而特殊的户籍制度的束缚和劳动力价格管制也共同阻碍了城市间劳动力要素的自由流动，降低了劳动力的边际生产率，造成劳动要素错配，出现就业和招工两难的现象[164]。从变动趋势上看，资源型城市和非资源型城市中资本配置过度的城市数量在上升，且资源型城市上升得更为明显，增加了29个。劳动配置过度的资源型城市数量在下降，减少了8个，说明在资源型城市转型过程中劳动配置不足的现象有所加重。此外，与非资源型城市相比，能源配置过度的资源型城市数量无明显变化，反映出资源型城市能源过度使用的情况没有明显恶化，说明近年来我国对能源行业的关注逐渐加强，致力于提高能源利用的效率。

表3.4　资源型城市与非资源型城市要素错配方向的地级市数量分布

年份	资源型城市（98个）						非资源型城市（156个）					
	资本		劳动		能源		资本		劳动		能源	
	过度	不足	过度	不足	过度	不足	过度	不足	过度	不足	过度	不足
2003	54	44	33	65	53	45	69	87	41	115	69	87
2004	60	38	32	66	52	46	82	74	42	114	72	84
2005	64	34	30	68	56	42	86	70	38	118	77	79
2006	67	31	29	69	58	40	88	68	39	117	78	78
2007	70	28	30	68	56	42	91	65	39	117	82	74
2008	69	29	30	68	54	44	91	65	39	117	81	75
2009	75	23	29	69	58	40	95	61	39	117	81	75

表3.4（续）

年份	资源型城市（98个）						非资源型城市（156个）					
	资本		劳动		能源		资本		劳动		能源	
	过度	不足	过度	不足	过度	不足	过度	不足	过度	不足	过度	不足
2010	73	25	27	71	55	43	95	61	40	116	80	76
2011	74	24	27	71	55	43	94	62	39	117	80	76
2012	76	22	28	70	55	43	98	58	39	117	80	76
2013	77	21	27	71	55	43	97	58	37	118	79	76
2014	78	20	29	69	55	43	98	58	42	114	79	77
2015	85	13	28	70	54	44	98	58	41	115	80	76
2016	84	14	29	69	54	44	100	56	40	116	80	76
2017	82	16	26	72	53	45	100	56	41	115	79	77
2018	83	15	25	73	53	45	100	56	43	113	79	77
变动	29	−29	−8	8	0	0	31	−31	2	−2	10	−10

进一步，本书参考专家意见将错配程度按照数值范围定义为轻度错配、中度错配和重度错配。错配程度在1~2定义为轻度错配，2~4定义为中度错配，大于4定义为重度错配。表3.5总结了资源型城市与非资源型城市要素错配的程度和方向。资源型城市存在资本的中度配置过度、劳动的中度配置不足和能源的重度配置过度，而非资源型城市存在资本的轻度配置过度、劳动的中度配置不足和能源的中度配置过度。

表3.5　资源型城市与非资源型城市要素错配的程度和方向

城市	要素	错配程度			错配方向	
		轻度	中度	重度	过度	不足
资源型城市	资本		√		√	
	劳动		√			√
	能源			√	√	
非资源型城市	资本	√			√	
	劳动		√			√
	能源		√		√	

3.3.2 不同成长阶段的资源型城市要素错配比较

本书将资源型城市按照生命周期进行分类，划分为成长型（13个）、成熟型（54个）、衰退型（20个）和再生型（11个），划分标准与第2章相同。

图3.3报告了不同成长阶段资源型城市资本、劳动和能源的错配程度。成长型城市资本、劳动和能源错配程度均值分别为1.09，2.84，5.58；成熟型城市资本、劳动和能源错配程度均值分别为2.74，2.07，5.22；衰退型城市资本、劳动和能源错配程度均值分别为1.82，2.79，2.36；再生型城市资本、劳动和能源错配程度均值分别为0.51，3.84，2.35。总体上看，成熟型、衰退型、成长型和再生型城市资本错配程度依次递减，再生型、成长型、衰退型和成熟型城市劳动错配程度依次递减，成长型、成熟型、衰退型和再生型城市能源错配程度依次递减。从变动趋势上看，对于资本错配，成长型、成熟型和再生型城市的资本错配程度均值随时间推移均有明显的上升趋势。其中成熟型城市资本错配程度均值随时间推移的上升幅度最大，波动幅度为2.89。成长型和再生型城市资本错配程度随时间推移上升幅度依次减少。衰退型城市资本错配程度均值随时间的变动趋势为正U形，即先下降后上升。对于劳动错配，成长型、成熟型和衰退型城市劳动错配程度均值随时间推移均有轻微的下降趋势。成长型、衰退型和成熟型城市下降幅度依次递减。再生型城市劳动错配程度均值围绕3.84进行波动，无明显上升或下降趋势。对于能源错配，成熟型、衰退型和再生型城市能源错配程度均值没有随时间变化的明显上升或下降趋势。衰退型和再生型城市波动幅度较小，趋势平缓，成熟型城市相对波动幅度较大。成长型城市能源错配程度均值随时间推移有轻微上升趋势，但波动幅度最大。

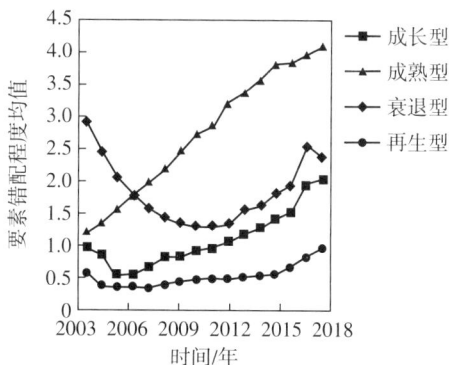

（a）资本错配

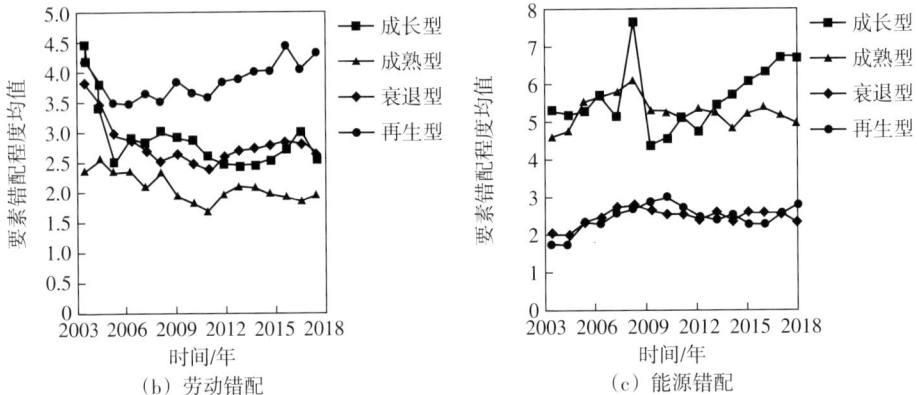

图3.3　不同成长阶段资源型城市要素错配程度比较

表3.6报告了不同成长阶段资源型城市要素错配方向的地级市数量分布。可以看出，平均而言，成长型、成熟型城市资本配置过度的城市数占比相同，均为75%；衰退型城市资本配置过度的城市数占比最大，为78.44%；再生型城市资本配置过度的城市数占比最小，为65.91%。表明衰退型城市存在一些过剩资本，资本利用率最低。衰退型、再生型、成熟型和成长型城市劳动配置过度的城市占比依次递减，分别为42.19%，39.77%，26.74%，11.06%，均低于50%，反映了劳动配置不足的现象在我国地级市较为普遍，成长型城市处于上升阶段，需要大量劳动投入，劳动配置不足现象最为严重，衰退型城市对劳动投入的需求量减少，因此劳动配置不足现象有所缓和。此外，成熟型、衰退型、再生型和成长型城市能源配置过度的城市占比依次递减，分别为62.50%，55.31%，51.70%，32.69%，说明成长型城市资源开发处于初级阶段，存在能源配置不足的问题，而再生型、衰退型和成熟型城市能源利用率依次降低。从变动趋势上看，成长型、再生型、成熟型和衰退型城市资本配置过度的城市数量均有所增加，增加的幅度依次递减，说明在资源型城市转型过程中资本配置过度的现象有所加重，且成长型城市最为严重，增加了7个城市，占自身的53.85%。而衰退型、再生型、成长型和成熟型劳动配置不足的城市数量均有所增加，增加的幅度依次递减，说明在资源型城市转型过程中劳动力配置不足的现象有所加重，其中最为严重的衰退型城市劳动配置不足的城市数量增加了3个，占自身的15%。能源配置方面，成长型城市能源配置比例不变，成熟型城市能源配置过度的城市数量有所增加，衰退型和再生型城市能源

配置过度的城市数量有所减少，说明衰退型和再生型城市能源利用率低的现象有所改善，成熟型城市能源利用率低的现象更加严重。

表3.6　不同成长阶段资源型城市要素错配方向的地级市数量分布

城市类型	要素配置		2003年	2008年	变化
成长型	资本	过度	5(38%)	12(92%)	+
		不足	8(62%)	1(8%)	−
	劳动	过度	2(15%)	1(8%)	−
		不足	11(85%)	12(92%)	+
	能源	过度	4(31%)	4(31%)	无
		不足	9(69%)	9(69%)	无
成熟型	资本	过度	31(57%)	45(83%)	+
		不足	23(43%)	9(17%)	−
	劳动	过度	16(30%)	13(24%)	−
		不足	38(70%)	41(76%)	+
	能源	过度	31(57%)	33(61%)	+
		不足	23(43%)	21(39%)	−
衰退型	资本	过度	13(65%)	17(85%)	+
		不足	7(35%)	3(15%)	−
	劳动	过度	10(50%)	7(35%)	−
		不足	10(50%)	13(65%)	+
	能源	过度	12(60%)	11(55%)	−
		不足	8(40%)	9(45%)	+
再生型	资本	过度	5(45%)	9(82%)	+
		不足	6(55%)	2(18%)	−
	劳动	过度	5(45%)	4(36%)	−
		不足	6(55%)	7(64%)	+
	能源	过度	6(55%)	5(45%)	−
		不足	5(45%)	6(55%)	+

表3.7总结了不同成长阶段资源型城市要素错配的程度和方向。成长型城市存在资本的轻度配置过度、劳动的中度配置不足和能源的重度配置不足，成熟型城市存在资本的中度配置过度、劳动的中度配置不足和能源的重度配置过度，衰退型城市存在资本的轻度配置过度、劳动的中度配置不足和能源的中度

配置过度，再生型城市存在资本的轻度配置过度、劳动的中度配置不足和能源的中度配置过度。

表3.7　不同成长阶段资源型城市要素错配的程度和方向

城市	要素	错配程度			错配方向	
		轻度	中度	重度	过度	不足
成长型	资本	√			√	
	劳动		√			√
	能源			√		√
成熟型	资本		√		√	
	劳动		√			√
	能源			√	√	
衰退型	资本	√			√	
	劳动		√			√
	能源		√		√	
再生型	资本	√			√	
	劳动		√			√
	能源		√		√	

3.3.3　不同地理区域的资源型城市要素错配比较

本书将资源型城市划分为东部（20个）、中部（32个）、西部（31个）和东北部（15个），进行不同地理区域间资本、劳动和能源错配程度比较。

图3.4报告了不同地理区域资源型城市资本、劳动和能源的错配程度。总体上看，东部城市资本、劳动和能源错配程度均值分别为1.51，2.18，3.73；中部城市资本、劳动和能源错配程度均值分别为2.25，2.89，4.99；西部城市资本、劳动和能源错配程度均值分别为1.72，2.37，4.84；东北部城市资本、劳动和能源错配程度均值分别为3.21，2.51，2.84。东北部、中部、西部和东部城市资本错配程度依次递减，中部、东北部、西部和东部城市劳动错配程度依次递减，中部、西部、东部和东北部城市能源错配程度依次递减。说明东部城市相对而言要素错配程度最低，因为东部城市经济等最为发达，资源的配置效率相对较高，要素错配情况最为良好。从变动趋势上看，对于资本错配，东

部、中部和东北部城市资本错配程度均值随时间推移均有明显的上升趋势，其中东北部城市资本错配程度均值随时间推移上升幅度最大，上升了将近2倍，中部和东部城市资本错配程度均值随时间推移上升幅度依次减少；西部城市资本错配程度均值随时间的变动趋势为正U形，即先下降后上升。对于劳动错配，中部和西部城市劳动错配程度均值随时间推移均有轻微的下降趋势，东北部城市劳动错配程度均值随时间的变动趋势大致为正U形，东部城市劳动错配程度均值呈波浪形变动趋势。对于能源错配，中部和西部城市能源错配程度均值呈现先上升后下降的趋势，东部城市能源错配程度均值呈波浪形变动趋势，东北部城市能源错配程度均值呈W形上升趋势。

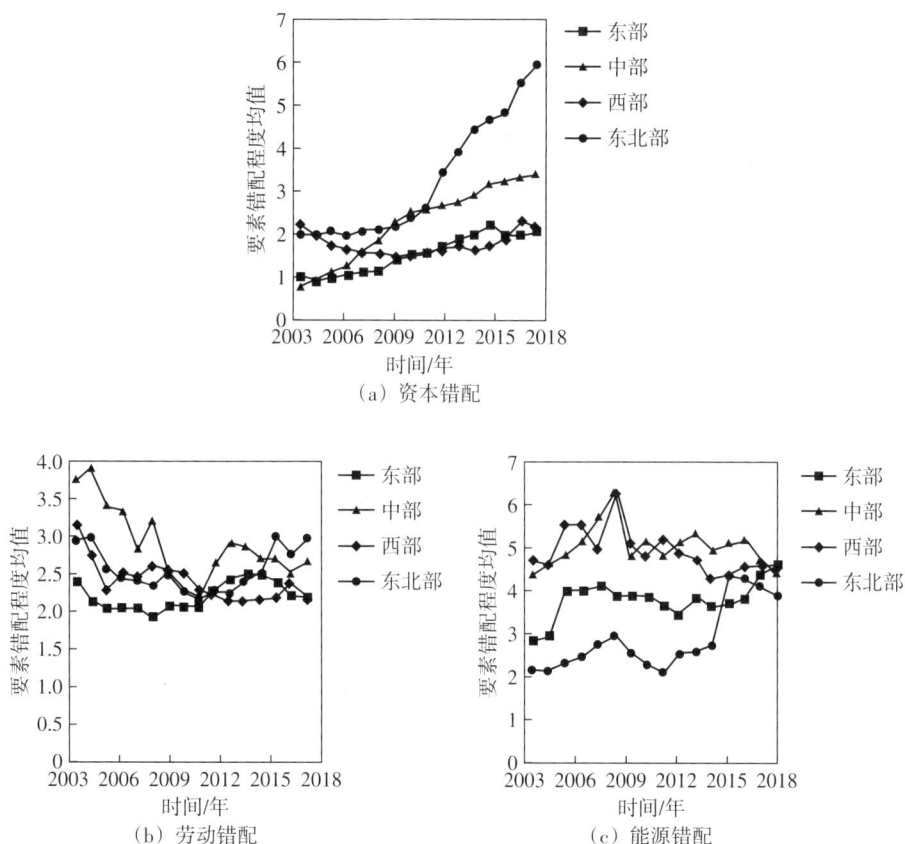

（a）资本错配

（b）劳动错配

（c）能源错配

图3.4 不同地理区域资源型城市要素错配程度比较

表3.8报告了不同地理区域资源型城市要素错配方向的地级市数量分布。可以看出，平均而言，东部、中部、东北部和西部地区资源型城市资本配置过

度的城市占比依次递减，分别为85.31%，79.1%，71.67%，64.72%，均大于50%，反映了资本配置过度的现象在我国地级市中较为普遍，东部地区投入资本过多，存在大量过剩的资本配置。中部、东部、东北部和西部地区资源型城市劳动配置过度的城市占比依次递减，分别为41.41%，31.88%，27.92%，15.73%，均低于50%，反映了我国地级市普遍存在劳动配置不足的现象，其中西部地区资源型城市劳动配置不足现象最为严重，因自然状况、政策制度等，大量高技术劳动力流入东部地区，导致西部地区劳动要素匮乏。此外，东部、西部、东北部和中部地区资源型城市能源配置过度的城市占比依次递减，分别为71.25%，55.65%，50.42%，49.02%，说明中部地区资源型城市能源利用率相对较高，东北部、西部和东部地区资源型城市存在能源利用率低的问题。从变动趋势上看，西部、东部、中部和东北部资本配置过度的城市数均有所增加，且增加的幅度依次递减，说明在资源型城市转型过程中资本配置过度的现象有所加重，西部地区最为严重，增加了12个城市，占自身的38.71%。西部、中部和东部劳动配置不足的城市数均有所增加，增加的幅度依次递减，说明在资源型城市转型过程中劳动力配置不足的现象有所加重，其中最严重的西部地区劳动配置不足的城市数增加了4个，占比为12.9%，而东北部地区劳动配置不足的城市数量减少了1个，说明东北部地区劳动配置不足的现象有所缓解。能源配置方面，东部和中部地区能源配置过度的城市数量有所减少，表明东部和中部地区能源配置过度现象有所缓解；而西部和东北部地区能源配置过度的城市数量增加，表明西部和东北部地区能源配置过度现象加重。

表3.8　不同地理区域资源型城市要素错配方向的地级市数量分布

城市类型	要素配置		2003年	2008年	变化
东部	资本	过度	13(65%)	19(95%)	+
		不足	7(35%)	1(5%)	−
	劳动	过度	7(35%)	6(30%)	−
		不足	13(65%)	14(70%)	+
	能源	过度	14(70%)	13(65%)	−
		不足	6(30%)	7(35%)	+

表 3.8（续）

城市类型	要素配置		2003 年	2008 年	变化
中部	资本	过度	21(66%)	29(91%)	+
		不足	11(34%)	3(9%)	−
	劳动	过度	15(47%)	11(34%)	−
		不足	17(53%)	21(66%)	+
	能源	过度	16(50%)	15(47%)	−
		不足	16(50%)	17(53%)	+
西部	资本	过度	11(35%)	23(74%)	+
		不足	20(65%)	8(26%)	−
	劳动	过度	7(23%)	3(10%)	−
		不足	24(77%)	28(90%)	+
	能源	过度	16(52%)	17(55%)	+
		不足	15(48%)	14(45%)	−
东北部	资本	过度	9(60%)	12(80%)	+
		不足	6(40%)	3(20%)	−
	劳动	过度	4(27%)	5(33%)	+
		不足	11(73%)	10(67%)	−
	能源	过度	7(47%)	8(53%)	+
		不足	8(53%)	7(47%)	−

　　表 3.9 总结了不同地理区域资源型城市要素错配的程度和方向。东部地区城市存在资本的轻度配置过度、劳动的中度配置不足和能源的中度配置过度，中部地区城市存在资本的中度配置过度、劳动的中度配置不足和能源的重度配置不足，西部地区城市存在资本的轻度配置过度、劳动的中度配置不足和能源的重度配置过度，东北部地区城市存在资本的中度配置过度、劳动的中度配置不足和能源的中度配置过度。

表 3.9　不同地理区域资源型城市要素错配的程度和方向

城市	要素	错配程度			错配方向	
		轻度	中度	重度	过度	不足
东部	资本	√			√	
	劳动		√			√
	能源		√		√	

表3.9（续）

城市	要素	错配程度			错配方向	
		轻度	中度	重度	过度	不足
中部	资本		√		√	
	劳动		√			√
	能源			√		√
西部	资本	√			√	
	劳动		√			√
	能源			√	√	
东北部	资本		√		√	
	劳动		√			√
	能源		√		√	

3.3.4 不同主导资源的资源型城市要素错配比较

本书将资源型城市按主导资源产业类型分为煤炭类（31个）、非金属类（10个）、金属类（16个）、油气类（11个）、综合类（26个）和森工类（4个），对不同主导资源的资源型城市的资本、劳动和能源错配程度进行比较。

图3.5报告了不同主导资源的资源型城市资本、劳动和能源的错配程度。总体上看，以非金属、煤炭、油气、综合、森工和金属为主导资源的资源型城市资本错配程度依次递减，均值分别为4.29，2.68，2.24，1.39，1.07，0.78。以煤炭、油气、森工、金属、综合和非金属为主导资源的资源型城市劳动错配程度依次递减，均值分别为3.7，2.75，2.41，2.13，1.69，1.43。以油气、金属、非金属、综合、煤炭和森工为主导资源的资源型城市能源错配程度依次递减，均值分别为5.82，5.79，5.09，3.76，3.5，3.2。从变动趋势上看，对于资本错配，以非金属、金属、综合和森工为主导资源的资源型城市资本错配程度均值随时间推移均有明显的上升趋势，其中以非金属为主导资源的资源型城市资本错配程度均值随时间推移的上升幅度最大，上升了将近5倍，煤炭类呈先下降后上升的趋势，油气类呈W形变动趋势。对于劳动错配，以非金属、金属和综合为主导资源的资源型城市劳动错配程度呈先下降后上升的趋势，煤炭和森工类呈下降趋势，其中煤炭类的下降幅度最大，大约下降了20%，油气类呈W形变动趋势。对于能源错配，以金属、综合和森工为主导资源的资源型

城市能源错配程度呈现出先上升后下降的趋势，非金属和煤炭类呈 M 形变动趋势，油气类呈 W 形变动趋势。总体来说，资本错配呈上升趋势，劳动错配比较平稳，能源错配波动幅度和变化方向差异较大。

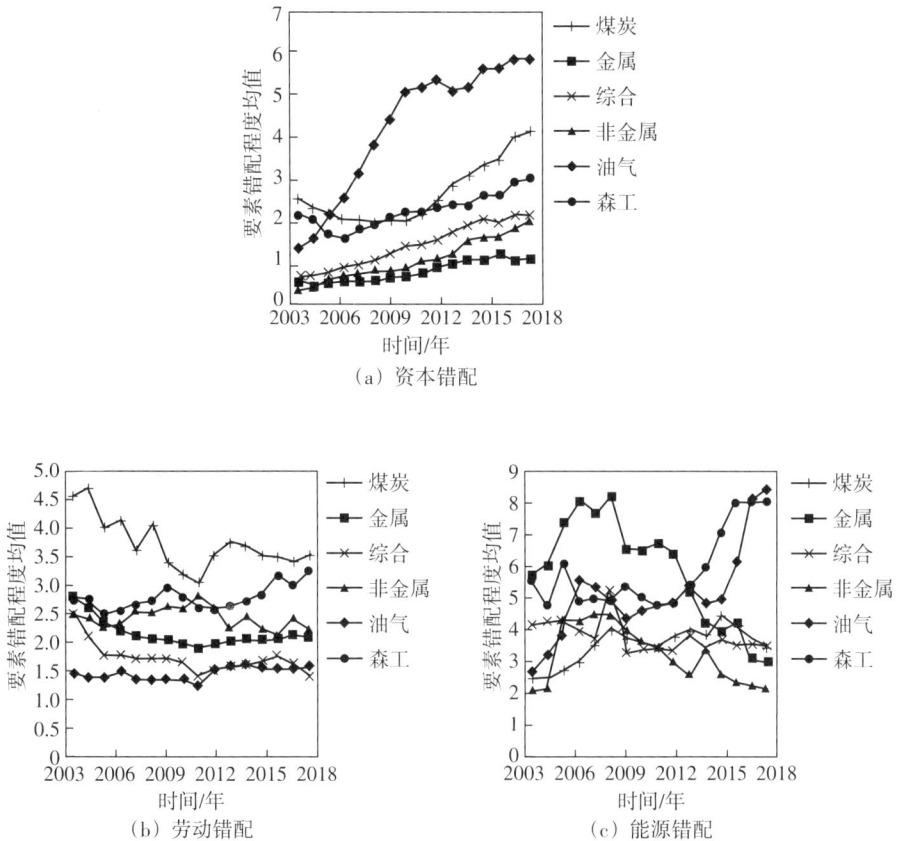

（a）资本错配

（b）劳动错配

（c）能源错配

图 3.5　不同主导资源的资源型城市要素错配程度比较

表 3.10 报告了不同主导资源的资源型城市要素错配方向的地级市数量分布。可以看出，平均而言，以森工（100%）、煤炭（76.81%）、金属（75.39%）、综合（71.15%）、非金属（70.63%）和油气（70.45%）为主导资源的资源型城市资本配置过度的城市占比依次递减，且均大于 50%，反映了资本配置过度的现象在我国地级市中较为普遍，其中以森工为主导资源的资源型城市资本配置过度现象最为严重。劳动配置过度的城市占比均低于 50%，综合、煤炭、森工、非金属、油气和金属类依次递减，分别为 45.91%，37.7%，25%，20.63%，9.09%，6.25%，反映了劳动配置不足的现象在我国地级市中

普遍存在，其中以金属为主导资源的资源型城市劳动配置不足现象最为严重。此外，以综合（68.27%）、金属（65.23%）、非金属（63.13%）、森工（54.69%）为主导资源的资源型城市能源配置过度，存在能源利用率低的问题。而以煤炭（47.58%）和油气（30.11%）为主导资源的资源型城市能源配置不足。从变动趋势上看，以金属、综合、非金属、煤炭和油气为主导资源的资源型城市资本配置过度的城市数均有所增加，且增加的幅度依次递减，说明在资源型城市转型过程中资本配置过度的现象有所加重，且以金属为主导资源的资源型城市最为严重，增加了6个城市，占自身的37.5%，以森工为主导资源的资源型城市资本配置无变化。以综合、非金属和煤炭为主导资源的资源型城市劳动配置不足的城市数量均有所增加，且增加的幅度依次递减，说明这几种资源型城市转型过程中劳动力配置不足的现象有所加重，其中最严重的为以综合为主导资源的资源型城市，其劳动配置不足的城市数量增加5个，占自身的19.2%，而以金属、油气和森工为主导资源的资源型城市劳动配置情况不变。能源配置方面，能源配置过度的城市数量变化各异，以非金属和油气为主导资源的资源型城市有所减少，以金属和综合为主导资源的资源型城市有所增加，以煤炭和森工为主导资源的资源型城市能源配置情况不变。

表3.10 不同主导资源的资源型城市要素错配方向的地级市数量分布

城市类型	要素配置		2003年	2008年	变化
煤炭	资本	过度	18(58%)	27(87%)	+
		不足	13(42%)	4(13%)	−
	劳动	过度	13(42%)	11(35%)	−
		不足	18(58%)	20(65%)	+
	能源	过度	15(48%)	15(48%)	无
		不足	16(52%)	16(52%)	无
非金属	资本	过度	5(50%)	8(80%)	+
		不足	5(50%)	2(20%)	−
	劳动	过度	3(30%)	2(20%)	−
		不足	7(70%)	8(80%)	+
	能源	过度	7(70%)	6(60%)	−
		不足	3(30%)	4(40%)	+

表 3.10（续）

城市类型	要素配置		2003 年	2008 年	变化
金属	资本	过度	8(50%)	14(88%)	+
		不足	8(50%)	2(12%)	−
	劳动	过度	1(6%)	1(6%)	无
		不足	15(94%)	15(94%)	无
	能源	过度	8(50%)	11(69%)	+
		不足	8(50%)	5(31%)	−
油气	资本	过度	7(64%)	9(82%)	+
		不足	4(36%)	2(18%)	−
	劳动	过度	1(9%)	1(9%)	无
		不足	10(91%)	10(91%)	无
	能源	过度	2(18%)	3(27%)	+
		不足	9(82%)	8(73%)	−
综合	资本	过度	12(46%)	21(81%)	+
		不足	14(54%)	5(19%)	−
	劳动	过度	14(54%)	9(35%)	−
		不足	12(46%)	17(65%)	+
	能源	过度	19(73%)	16(62%)	−
		不足	7(27%)	10(38%)	+
森工	资本	过度	4(100%)	4(100%)	无
		不足	0(0)	0(0)	无
	劳动	过度	1(25%)	1(25%)	无
		不足	3(75%)	3(75%)	无
	能源	过度	2(50%)	2(50%)	无
		不足	2(50%)	2(50%)	无

表 3.11 总结了不同主导资源的资源型城市要素错配的程度和方向。以煤炭为主导资源的资源型城市存在资本的中度配置过度、劳动的中度配置不足和能源的中度配置不足，以非金属为主导资源的资源型城市存在资本的重度配置过度、劳动的轻度配置不足和能源的重度配置过度，以金属为主导资源的资源型城市存在资本的轻度配置过度、劳动的中度配置不足和能源的重度配置过度，以油气为主导资源的城市存在资本的中度配置过度、劳动的中度配置不足和能

源的重度配置不足，以综合为主导资源的资源型城市存在资本的轻度配置过度、劳动的轻度配置不足和能源的中度配置过度，以森工为主导资源的资源型城市存在资本的轻度配置过度、劳动的中度配置不足和能源的中度配置过度。

表3.11　不同主导资源的资源型城市要素错配的程度和方向

城市	要素	错配程度			错配方向	
		轻度	中度	重度	过度	不足
煤炭	资本		√		√	
	劳动		√			√
	能源		√			√
非金属	资本			√	√	
	劳动	√				√
	能源			√	√	
金属	资本	√			√	
	劳动		√			√
	能源			√	√	
油气	资本		√		√	
	劳动		√			√
	能源			√		√
综合	资本	√			√	
	劳动	√				√
	能源		√		√	
森工	资本	√			√	
	劳动		√			√
	能源		√		√	

3.4　本章小结

本章基于Aoki（2012）的要素错配模型将行业层面扩展到地区层面，同时将能源要素投入纳入生产函数中，提出要素价格相对扭曲系数，构建了城市层面的要素错配测算模型，并进一步识别了资源型城市与非资源型城市在要素错配程度和方向上的特征和变化趋势以及不同类型资源型城市在要素错配程度和方向上的差异。总体而言，我国各地级市总体的能源错配程度最为严重，劳动错配程度次之，资本错配程度最小。从资源型城市与非资源型城市的比较情况来看，资源型城市在资本、劳动和能源三种要素上的错配程度均大于非资源型城市，而错配方向呈现出资本和能源配置过度、劳动配置不足的相同特征。

不同成长阶段、地理区域和主导资源的资源型城市在三种要素上的错配程度各异，而错配方向大体相同。从不同成长阶段资源型城市的结果来看，成熟型资源型城市在资本和能源方面的错配程度最大，中度的劳动配置不足和轻度的资本配置过度在处于不同成长阶段的四类资源型城市中普遍存在。从不同地理区域资源型城市的结果来看，中部地区在资本和能源方面错配程度最大，中度的劳动配置不足和轻度的资本配置过度在位于不同地理区域的四类资源型城市中较为普遍。从不同主导资源的资源型城市的结果来看，能源错配较为严重的为非金属、金属和油气类，劳动错配较为严重的为煤炭、金属、油气和森工类，资本错配较为严重的为煤炭、非金属和油气类。资本和能源配置过度的资源型城市数量较多，而劳动配置不足的占比较大。

4 资源型城市要素错配影响 产业转型的机理

本章在前文概念界定及文献梳理的基础上，厘清要素错配在效率提升、能源消耗以及环境保护等方面如何影响资源型城市产业转型，并依据该作用机制进一步提出后续实证分析的研究假设。

4.1 理论模型

4.1.1 要素错配影响产出效率的模型

不同的经济体间之所以有迥异的经济增长表现，除了要素投入方面存在差异外，许多研究将这种增长及人均收入的差异还归因为经济体间拥有不同的全要素生产率（TFP）。索洛增长模型（Solow growth model）作为经典的分析框架，探究了全要素生产率与产出的关系。经济体的发展根本在于产业的发展，要素错配给具体行业带来全要素生产率及产出的变动会最终反映在经济体的总体表现上。因此，本部分将借鉴Solow的增长核算框架，从行业的视角出发，提出一个分析框架，探讨要素在行业间的错配是如何影响全要素生产率并造成产出损失的。

（1）基本设定

本部分研究的重点是行业之间的要素错配，Syrquin[165]的研究最早将全要素生产率（TFP）的增长分解为两部分：一部分来源于行业TFP的增长；另一部分来源于要素的配置效应。Aoki[166]进一步考察了行业间的要素错配，使用完全竞争模型，利用劳动和资本税收形式刻画了资本配置的扭曲程度。因此，本书将Aoki和Syrquin及陈永伟等[127]的分析框架结合起来，将其构造为一个探讨资源型城市多行业中劳动、资本错配如何影响行业与经济总产出的理论框架。

假设同一个行业内所有企业均拥有相同的生产函数，这样可将行业的生产问题简化为一个代表性企业的生产问题，而不同行业间则假定拥有相异的生产函数。资本（K）、劳动力（L）、能源（E）是各企业进行生产所必需的三种要素，并且市场中的所有企业均是价格接受者，接受市场给定的价格。参考Hsieh 和 Klenow[155]的做法，行业 i 中的企业均被给定一个扭曲的价格，且扭曲具体表现为从价税：资本的价格为 $(1+\tau_{K_i})p_K$，劳动力的价格为 $(1+\tau_{L_i})p_L$，能源的价格为 $(1+\tau_{E_i})p_E$，其中 p_K，p_L，p_E 是完全竞争条件下不存在要素配置扭曲时的资本、劳动、能源要素对应的价格，τ_{K_i}，τ_{L_i}，τ_{E_i} 分别表示行业 i 中企业所面临的各要素扭曲"税"。

假设行业 i 代表性企业具有柯布-道格拉斯型的生产函数，故行业 i 的代表性企业生产函数为：

$$Y_i = F_i(A_i，K_i，L_i，E_i) = A_i K_i^{\beta_{K_i}} L_i^{\beta_{L_i}} E_i^{\beta_{E_i}} \tag{4.1}$$

其中，Y_i 表示产出；K_i，L_i，E_i 分别表示投入的资本、劳动和能源的量；参数 β_{K_i}，β_{L_i}，β_{E_i} 分别表示三类要素对产出的贡献比例。假设 $\beta_{K_i}+\beta_{L_i}+\beta_{E_i}=1$，即生产函数具有规模报酬不变的性质。

追求利润最大化是代表性企业一切决策和行为的目标，同时由于行业内所有企业具有相同的生产函数，因此加总的生产函数保留了规模报酬不变的性质。此时在假设产品市场的价格是没有扭曲的，每一期总资本要素投入 K、劳动要素投入 L 及能源要素投入 E 都是外生给定的条件下，企业的利润函数为：

$$\pi_i = p_{Y_i} Y_i (1+\tau_{K_i}) p_K K_i (1+\tau_{L_i}) p_L L_i (1+\tau_{E_i}) p_E E_i \tag{4.2}$$

其中，p_{Y_i} 是行业 i 的产品价格。则利润最大化的一阶条件为：

$$\beta_{K_i} p_{Y_i} A_i \cdot K_i^{\beta_{K_i}-1} L_i^{\beta_{L_i}} E_i^{\beta_{E_i}} = (1+\tau_{K_i}) p_K \tag{4.3}$$

$$\beta_{L_i} p_{Y_i} A_i \cdot K_i^{\beta_{K_i}} L_i^{\beta_{L_i}-1} E_i^{\beta_{E_i}} = (1+\tau_{L_i}) p_L \tag{4.4}$$

$$\beta_{E_i} p_{Y_i} A_i \cdot K_i^{\beta_{K_i}} L_i^{\beta_{L_i}} E_i^{\beta_{E_i}-1} = (1+\tau_{E_i}) p_E \tag{4.5}$$

（2）加总生产函数

假定各行业所生产的产量价格为 1，其决定了可被计价表示的全社会经济

总产量 Y，表达式为：

$$Y = F(Y_1, \cdots, Y_N) \tag{4.6}$$

根据前文假设，$F(\cdot)$ 满足规模报酬不变，故：

$$\frac{\partial Y}{\partial Y_i} = p_i \tag{4.7}$$

由欧拉定理可得，社会各个行业的产值直接加总等于全部经济产值，即

$$Y = \sum_{i=1}^{N} p_i Y_i \tag{4.8}$$

（3）资源约束条件

假设在每个考察期内，资本、劳动、能源等要素的投入量为定值且外生，故而资源约束条件的表达式为：

$$\sum_{i=1}^{N} K_i = K, \quad \sum_{i=1}^{N} L_i = L, \quad \sum_{i=1}^{N} E_i = E \tag{4.9}$$

（4）竞争均衡

在达到竞争均衡时，任一行业 i 的总产出值与全社会总产值之比表示为其所占份额，即 $s_i = p_i Y_i / Y$，考虑其加权后的要素贡献值为 $\tilde{\beta}_K = \sum_{i=1}^{N} s_i \beta_{K_i}$，$\tilde{\beta}_L = \sum_{i=1}^{N} s_i \beta_{L_i}$，$\tilde{\beta}_E = \sum_{i=1}^{N} s_i \beta_{E_i}$，由上一章分析可知，均衡条件下行业资本、劳动和能源的相对扭曲系数可表示为：

$$\hat{\lambda}_{K_i} = \left(\frac{s_i \beta_{K_i}}{\tilde{\beta}_K} \right)^{-1} \frac{K_i}{K} \tag{4.10}$$

$$\hat{\lambda}_{L_i} = \left(\frac{s_i \beta_{L_i}}{\tilde{\beta}_L} \right)^{-1} \frac{L_i}{L} \tag{4.11}$$

$$\hat{\lambda}_{E_i} = \left(\frac{s_i \beta_{E_i}}{\tilde{\beta}_E} \right)^{-1} \frac{E_i}{E} \tag{4.12}$$

本书通过式（4.10）至式（4.12）表现要素价格扭曲系数，并将要素使用成本扭曲和要素错配联系起来。

（5）要素价格扭曲和产出

在实现竞争均衡后，进一步构建产出和要素价格扭曲两者之间的联系。由式（4.1）和式（4.10）至式（4.12）可知，在竞争均衡下行业 i 的产出可表示

为：

$$Y_i = A_t \left[\frac{s_i \beta_{K_i}}{\tilde{\beta}_K} \hat{\lambda}_{K_i} K \right]^{\beta_{K_i}} \left[\frac{s_i \beta_{L_i}}{\tilde{\beta}_L} \hat{\lambda}_{L_i} L \right]^{\beta_{L_i}} \left[\frac{s_i \beta_{E_i}}{\tilde{\beta}_E} \hat{\lambda}_{E_i} E \right]^{\beta_{E_i}} \tag{4.13}$$

取对数变形，有

$$\ln Y_i = \ln A_t + \ln \left[s_i \left(\frac{\beta_{K_i}}{\tilde{\beta}_K} \right)^{\beta_{K_i}} \left(\frac{\beta_{L_i}}{\tilde{\beta}_L} \right)^{\beta_{L_i}} \left(\frac{\beta_{E_i}}{\tilde{\beta}_E} \right)^{\beta_{E_i}} \right] + \left(\beta_{K_i} \ln \hat{\lambda}_{K_i} + \beta_{L_i} \ln \hat{\lambda}_{L_i} + \beta_{E_i} \ln \hat{\lambda}_{E_i} \right) +$$

$$\left(\beta_{K_i} \ln K + \beta_{L_i} \ln L + \beta_{E_i} \ln E \right) \tag{4.14}$$

由式（4.14），行业 i 的产出水平既取决于要素使用数量及行业生产率，也和该行业要素使用成本的扭曲情况紧密相关。因此，当保持要素数量及行业生产率既定时，要素使用成本的扭曲状况发生任何改变都将直接影响产出水平。在此基础上，进一步讨论该效应。

（6）产出的分解

Syrquin 对 Solow 的增长核算框架进行了推广，本书在其框架基础上对产出的变动分解进行扩展。在 Syrquin 的初始研究中，要素投入量的增多及全要素生产率的总变动（TFPG）导致了经济总产出的增加，而其中 TFPG 的提升又可以进一步分解：一是由各行业自身全要素生产率的提升带来的；二是由要素在各行业间流动进而重新配置所引起的效率提升带来的配置效应。由于前文已经对要素价格的相对扭曲进行了设定和推导，因此配置效应可以继续分解，即配置效应包括仅份额变动带来的贡献和要素价格扭曲变动带来的贡献。

在具体推导中，假定整个经济在任意一期都实现了均衡，则经济从 t 期到 $t+1$ 期总产值的变动差值为 $\Delta \ln Y_t = \ln Y_{t+1} - \ln Y_t$，其中，$\Delta$ 是差分算子，即 $\Delta x_t = x_{t+1} - x_t$，则 $\Delta \ln Y_t$ 可以分解为：

$$\Delta \ln Y_t = \sum_{i=1}^{N} s_{it} \Delta \ln TFP_{it} + \sum_{i=1}^{N} S_{it} \ln \left[\left(\frac{s_{it+1}}{s_{it}} \right) \middle/ \left(\frac{\tilde{\beta}_{K_{t+1}}^{\beta_K} \tilde{\beta}_{L_{t+1}}^{\beta_L} \tilde{\beta}_{E_{t+1}}^{\beta_E}}{\tilde{\beta}_{K_t}^{\beta_K} \tilde{\beta}_{L_t}^{\beta_L} \tilde{\beta}_{E_t}^{\beta_E}} \right) \right] +$$

$$\sum_{i=1}^{N} s_{it} \left(\beta_{K_i} \Delta \ln \hat{\lambda}_{K_{it}} + \beta_{L_i} \Delta \ln \hat{\lambda}_{L_{it}} + \beta_{E_i} \Delta \ln \hat{\lambda}_{E_{it}} \right) +$$

$$\sum_{i=1}^{N} s_{it} \left(\beta_{K_i} \Delta \ln K_t + \beta_{L_i} \Delta \ln L_t + \beta_{E_i} \Delta \ln E_t \right) \tag{4.15}$$

在式（4.15）中，$\sum_{i=1}^{N} s_{it} \left(\beta_{K_i} \Delta \ln K_t + \beta_{L_i} \Delta \ln L_t + \beta_{E_i} \Delta \ln E_t \right)$ 是 Syrquin 初始核算

框架中要素变动所引起的产值变动，而前三项的加总就是TFPG变动带来的贡献。接着考察TFPG的变动，$\sum_{i=1}^{N} s_{it} \Delta \ln TFP_{it}$ 表示由所有行业TFP变化所引起的变动，剩余两项加总即为配置效应。

有别于Syrquin的初始核算框架，要素的配置效应可以分解为第二、第三项两个部分。具体来看，第二项是仅产出份额变动带来的变化，它的经济学含义是要素在各行业间的重新配置对于"加总技术"的影响。第三项是各行业要素价格扭曲程度变动所引起的变化。带有扭曲的价格使要素不能最优地配置在行业间，因此只要价格的扭曲程度下降，要素就会重新流动以趋近最优配置，进而提升TFP和经济总产值。此外，由于前文已经设定了生产函数为柯布-道格拉斯加总生产函数，因此第三项的另一种解释为产出缺口的变动，下文会进行说明。

（7）产出缺口的估计

产出缺口，即实际产出和资源有效配置（不存在要素配置扭曲）时产出之间的缺口。本部分将经济中实际产出份额 $p_i Y_i / pY$ 与资源最优配置状态下的行业产出份额 $p_i Y_{ei} / pY_{\text{efficient}}$ 的差值（以下简称"行业产出份额差值"）Ω_i，表示为行业劳动力、资本扭曲 τ_{L_i}、τ_{K_i} 的函数，分析行业产出是如何受劳动、资本要素错配影响的，因此在本部分先简化考虑只有两个要素 K，L 的情况。为使行业间可以互相比较并去除量纲带来的影响，同时展示行业间规模的差距，拟用行业产出份额指标来刻画行业产出。行业 i 行业产出份额差值 Ω_i 为：

$$\Omega_i = p_i Y_i / pY - p_i Y_{ei} / pY_{\text{efficient}} = \left[(1+\tau_{L_i})(1+\tau_{L_i})^{\frac{1}{\beta_{K_i}}} \right] L_i / L \tag{4.16}$$

$$\Omega_i = p_i Y_i / pY - p_i Y_{ei} / pY_{\text{efficient}} = \left[(1+\tau_{K_i})(1+\tau_{K_i})^{\frac{1}{\beta_{L_i}}} \right] K_i / K \tag{4.17}$$

考虑到在指定期内资本和劳动要素量是一定的，由式（4.16）和式（4.17）可知，劳动和资本价格扭曲 τ_{L_i}、τ_{K_i}，劳动和资本数量 L_i、K_i 均会影响行业 i 产出份额差值 Ω_i。其中，当 τ_{L_i}、$\tau_{K_i} < 0$ 时，$\Omega_i > 0$ 时，行业 i 面对的要素价格是"补贴"过的，该行业会过度生产，实际产出份额会高于最优状态下的行业产出；反之，行业 i 面对的要素价格是被"征税"过的，行业 i 实际产出份额不足。对资本、劳动数量 L_i、K_i 求一阶导数，得：

$$\partial \Omega_i / L_i = \left[\left(1+\tau_{K_i}\right)\left(1+\tau_{K_i}\right)^{\frac{1}{\beta_{K_i}}} \right] \Big/ K \tag{4.18}$$

$$\partial \Omega_i / K_i = \left[\left(1+\tau_{L_i}\right)\left(1+\tau_{L_i}\right)^{\frac{1}{\beta_{L_i}}} \right] \Big/ L \tag{4.19}$$

由柯布-道格拉斯生产函数可知，行业产出 Y_i 与实际劳动、资本数量 L_i, K_i 存在正向关系，当 τ_{L_i}, $\tau_{K_i}<0$ 时，$\partial \Omega_i / L_i>0$，$\partial \Omega_i / K_i>0$，此时产出过多，且随着要素投入的增加，产出增加的同时差额会变大；反之，行业产出份额差值 Ω_i 为负且逐渐变小。因此，劳动和资本价格扭曲会经行业规模放大对行业产出的影响。

进一步地，利用加总的柯布-道格拉斯函数，可以将产出缺口表示为各行业资源相对扭曲系数的函数，此时仍考虑三种要素的情形。假设加总函数是柯布-道格拉斯函数型，其具体的表现形式为：

$$Y = F\left(Y_1, \cdots, Y_N\right) = \prod_{i=1}^{N} Y_i^{s_i} \tag{4.20}$$

实际产出与有效产出之间的比值可以表示为各行业资源扭曲系数的函数，即

$$\left(Y/Y_{\text{efficient}}\right)_t = \prod_{i=1}^{N} \left[\frac{\left(\frac{s_{it}\beta_{K_i}}{\tilde{\beta}_{K_i}}\hat{\lambda}_{K_{it}}K_t\right)^{\beta_{K_i}}\left(\frac{s_{it}\beta_{L_i}}{\tilde{\beta}_{L_i}}\hat{\lambda}_{L_{it}}L_t\right)^{\beta_{L_i}}\left(\frac{s_{it}\beta_{E_i}}{\tilde{\beta}_{E_i}}\hat{\lambda}_{E_{it}}E_t\right)^{\beta_{E_i}}}{\left(\frac{s_{it}\beta_{K_i}}{\tilde{\beta}_{K_i}}K_t\right)^{\beta_{K_i}}\left(\frac{s_{it}\beta_{L_i}}{\tilde{\beta}_{L_i}}L_t\right)^{\beta_{L_i}}\left(\frac{s_{it}\beta_{E_i}}{\tilde{\beta}_{E_i}}E_t\right)^{\beta_{E_i}}} \right]^{s_{it}}$$

$$= \prod_{i=1}^{N} \left[\left(\hat{\lambda}_{K_{it}}\right)^{\beta_{K_i}}\left(\hat{\lambda}_{L_{it}}\right)^{\beta_{L_i}}\left(\hat{\lambda}_{E_{it}}\right)^{\beta_{E_i}} \right]^{s_{it}} \tag{4.21}$$

其中，$Y_{\text{efficient}}$ 表示理想状态下的经济总产出，$\left(Y/Y_{\text{efficient}}\right)_t$ 表示 t 时期实际经济产出与无要素扭曲配置下的理想产出之比。结合式（4.21），如果加总函数是柯布-道格拉斯函数型，这个比例仅取决于要素在各行业的要素价格相对扭曲 $\hat{\lambda}_{K_{it}}$，$\hat{\lambda}_{L_{it}}$，$\hat{\lambda}_{E_{it}}$ 以及某一行业产值占经济总产值的比例 s_{it}。

假设各行业在整个工业中的相对产出比例 s_{it} 不变，则在 $t+1$ 时期类似可得

$$\left(Y/Y_{\text{efficient}}\right)'_{t+1} = \prod_{i=1}^{N} \left[\left(\hat{\lambda}_{K_{it+1}}\right)^{\beta_{K_i}}\left(\hat{\lambda}_{L_{it+1}}\right)^{\beta_{L_i}}\left(\hat{\lambda}_{E_{it+1}}\right)^{\beta_{E_i}} \right]^{s_{it}} \tag{4.22}$$

从而

$$\ln\left(Y/Y_{\text{efficient}}\right)'_{t+1} = \ln\left(Y/Y_{\text{efficient}}\right)_t = \sum_{i=1}^{N} s_{it}\left(\beta_{K_i}\Delta\ln\hat{\lambda}_{K_{it}} + \beta_{L_i}\Delta\ln\hat{\lambda}_{L_{it}} + \beta_{E_i}\Delta\ln\hat{\lambda}_{E_{it}}\right)$$

$$(4.23)$$

等式右边为式（4.15）右边的第三项。

（8）各行业资本要素配置扭曲对产出的影响

本部分以资本要素错配为例说明其对产出的影响，同理可得其他要素配置扭曲的影响。假设一个经济体中只有某一行业 i 的资本扭曲"税"遭遇变动，则其余行业的要素相对价格不会因行业 i 而改变。可以认为，受行业 i 资本扭曲"税"变动的影响，其他行业的扭曲变化应该是同幅度的。在此基础上，只要剩余条件不发生变化，即可推导出总产出受单一行业 i 的资本价格扭曲变化的影响为：

$$AE_{K_i} = s_{it}\beta_{K_i}\left(1 - \frac{1}{\tilde{\beta}_K}\right)\Delta\ln\hat{\lambda}_{K_i}$$

$$(4.24)$$

根据式（4.19）可以得到一些直观解释：考虑保持其他条件不变，仅让行业 i 的资本扭曲"税" τ_{K_i} 下降，则根据定义，$\Delta\ln\hat{\lambda}_{K_i} > 0$。由于扭曲"税"减少，行业 i 使用资本的成本下降，而成本降低会鼓励行业增加对资本的占有以扩大生产，由式（4.15）可得该直接作用的大小约为 $s_{it}\beta_{K_i}\Delta\ln\hat{\lambda}_{K_i}$。扭曲"税"减少也会产生"外部性"，让剩余行业使用资本的成本变相增加，进而迫使其他行业减少资本使用，缩减产量。这个作用的大小就是 $-\dfrac{s_i\beta_{K_i}\Delta\ln\hat{\lambda}_{K_i}}{\tilde{\beta}_K}$。因此，总体来看，行业 i 的资本扭曲"税"变动对产出带来的总效应如式（4.24）所示。

4.1.2 要素错配影响能源效率的模型

资源型城市的经济发展离不开能源等基础性资源的支撑，资源型产业在开发能源等资源的过程中带来了经济增长，同时伴随着环境污染等非期望产出，因此，能源使用效率的高低或单位能源产出量的大小不仅关乎经济效率，也对环境问题有着巨大影响。本部分在借鉴已有研究基础上[124]，尝试提出一个分析框架，旨在研究行业间要素错配通过何种方式影响能源效率，进而间接对环境产生影响。

（1）基本设定

本部分考虑两个行业的生产问题。具体假设如下：

① 假设与上一部分相同，即只存在两个行业，同一行业内任一企业均拥有相同的生产函数，从而可将行业的生产问题视为代表性企业的生产问题。

② 所有企业均使用柯布-道格拉斯生产函数，生产要素为资本（K）、劳动（L）、能源（E），但两行业的生产函数不同，一个行业具有高技术低能耗的生产特点，另一个行业具有低技术高能耗的生产特点，行业中的企业均为价格接受者。

③ 假设在每一期，资本、劳动、能源等各要素的总量均为外生给定，此部分假设仍沿用前文，即两行业资源约束条件为：$\sum_{i=1}^{2} K_i = K$，$\sum_{i=1}^{2} L_i = L$，$\sum_{i=1}^{2} E_i = E$。

定义行业代表性企业生产函数为：

$$Y_i = F_i(A_i, K_i, L_i, E_i) = A_i K_i^{1-\alpha-\beta} L_i^{\beta} E_i^{\alpha} \tag{4.25}$$

其中，Y_i 表示产出，K_i，L_i，E_i 分别表示资本、劳动和能源投入量；参数 α，β，$1-\alpha-\beta$ 分别表示各要素对产出的贡献比例，可知生产函数是规模报酬不变的。

企业的目标是利润最大化，在假设产品市场的价格没有扭曲的情况下，企业的利润函数为：

$$\pi = p_Y Y - rK - wL - pE \tag{4.26}$$

其中，p_Y 是产品价格，是外生给定的，能源要素市场价格为 p，资本价格为 r，劳动价格为 w。对利润函数求一阶条件得到能源要素需求函数：

$$E = \left(\frac{\alpha p_Y A K^{1-\alpha-\beta} L^{\beta}}{P}\right)^{\frac{1}{1-\alpha}} \tag{4.27}$$

构建一个能源效率函数，在任一期劳动要素总量 L、资本要素总量 K 及能源要素总量 E 均为外生给定，经济体能源效率达到最优时的能源配置为：

$$\max \frac{Y}{E} = \left(A_1 E_1^{\alpha} K_1^{1-\alpha-\beta} L_1^{\beta} + A_2 E_2^{\alpha} K_2^{1-\alpha-\beta} L_2^{\beta}\right) / (E_1 + E_2) \tag{4.28}$$

结合 E_1，E_2 的约束条件，利用拉格朗日乘数法，可得：

$$F(E_1, E_2, \lambda) = \left(A_1 E_1^{\alpha} K_1^{1-\alpha-\beta} L_1^{\beta} + A_2 E_2^{\alpha} K_2^{1-\alpha-\beta} L_2^{\beta}\right) / (E_1 + E_2) + \lambda(E_1 + E_2 - E)$$

$$\tag{4.29}$$

对 E_1，E_2 求偏导并联立，可得：

$$\left(\frac{A_1}{A_2}\right)\left(\frac{K_1}{K_2}\right)^{1-\alpha-\beta}\left(\frac{L_1}{L_2}\right)^{\beta}=\left(\frac{E_1}{E_2}\right)^{1-\alpha} \tag{4.30}$$

（2）能源市场的均衡

根据能源要素需求函数，对其求全微分，可得：

$$\Delta E=\frac{1}{1-\alpha}K^{\frac{1-\alpha-\beta}{1-\alpha}}L^{\frac{\beta}{1-\alpha}}p^{\frac{1}{\alpha-1}}A^{\frac{\alpha}{1-\alpha}}\Delta A+\frac{1-\alpha-\beta}{1-\alpha}\left(\frac{A}{p}\right)^{\frac{1}{1-\alpha}}L^{\frac{\beta}{1-\alpha}}\Delta K+$$

$$\frac{\beta}{1-\alpha}\left(\frac{A}{p}\right)^{\frac{1}{1-\alpha}}K^{\frac{1-\alpha-\beta}{1-\alpha}}L^{\frac{\alpha+\beta-1}{1-\alpha}}\Delta L+\frac{1}{\alpha-1}A^{\frac{1}{1-\alpha}}K^{\frac{1-\alpha-\beta}{1-\alpha}}L^{\frac{\beta}{1-\alpha}}p^{\frac{\alpha-2}{1-\alpha}}\Delta P \tag{4.31}$$

在求全微分过程中，$(\alpha p_Y)^{\frac{1}{1-\alpha}}$ 并不影响后文分析，为简洁起见将其略去。式（4.30）反映了能源要素是如何在两行业中配置的。式（4.31）表明，在达到理想状态时，能源需求量的变动 ΔE 来自四个部分，即分解为能源价格的变化量 ΔP、劳动存量变化量 ΔL、资本存量变化量 ΔK 和技术水平变化量 ΔA。在每一期中，不同个体间在对应部分的差异可由这四种变化量反映。当能源要素处于完全竞争状态时，市场只存在统一的能源价格 p，此时技术水平 A 的提升（$\Delta A>0$）将使能源需求量提升（$\Delta E^*>0$），即完全竞争条件下能源要素将配置于高技术低能耗的企业；而当能源要素存在价格扭曲时，则有可能出现能源要素的错配。式（4.31）刻画了均衡状态下，能源要素是如何在各行业间进行流动的。本部分依旧在两行业的假定下进行能源配置的分析，这并不影响研究结论的推广。根据市场均衡的一阶条件：

$$E_1^*=\left(\frac{\alpha p_Y A_1 K_1^{1-\alpha-\beta}L_1^{\beta}}{P_1}\right)^{\frac{1}{1-\alpha}} \tag{4.32}$$

$$E_2^*=\left(\frac{\alpha p_Y A_2 K_2^{1-\alpha-\beta}L_2^{\beta}}{p_2}\right)^{\frac{1}{1-\alpha}} \tag{4.33}$$

由式（4.32）和式（4.33）可得：

$$\frac{A_1 P_2}{A_2 P_1}\left(\frac{K_1}{K_2}\right)^{1-\alpha-\beta}\left(\frac{L_1}{L_2}\right)^{\beta}=\left(\frac{E_1}{E_2}\right)^{1-\alpha} \tag{4.34}$$

能源要素的错配主要由能源价格扭曲引起。如果假设能源市场是一个完全竞争市场，则两行业将面临相同的市场价格（$P_1=P_2$），从而式（4.34）会变为式（4.30），即市场机制下的能源要素配置是有效率的，满足经济体能源效率最优条件，技术水平与能源要素占有水平成正比，即低能耗高技术的企业应该占有更多能源要素。但是，当能源要素价格存在扭曲时，即两个行业面临不同的市场价格（$P_1 \neq P_2$）时，式（4.34）和式（4.30）将不相同，即两个行业达到均衡状态时要素配置不同于效率最优条件下的配置。以 $P_1 > P_2$ 情况为例，即高能耗企业占有低价能源要素，使 $E_1 \leqslant E_2$ 的情况实现，这和式（4.30）效率最优状态相悖，造成整体能源效率损失。为便于说明能源效率下降，定义一个式（4.25）的最优值函数 $V(E_1, E_2, K_1, K_2, L_1, L_2)$，在 t_0 期，当市场处于完全竞争状态时，该状态下的能源要素配置最有效率。如果没有要素价格扭曲（$P_1 = P_2$），到 t_1 期，能源要素会继续流向专注于技术提升的企业，此时 $E_1^1 > E_1^0$，$E_2^1 < E_2^0$，而 E_1^1、E_2^1 的配置状态既符合市场均衡，也满足整体效率最优，新的配置从边际上改善了能源效率，因此增加了整体能源效率，即 $V_{t_1} > V_{t_0}$，而如果存在要素价格扭曲，例如 $P_1 > P_2$，此时市场机制式（4.34）决定的均衡配置 (E_1', E_1') 并不满足全局效率条件式（4.30），因此能源要素价格扭曲会导致能源要素的错配并进一步降低能源效率。

4.1.3 要素错配影响产业转型的作用途径

各种研究结果表明，产出的增加、经济的增长离不开资源生产要素的投入以及全要素生产率的提升。新古典经济学指出，在完全竞争市场中要素是充分自由流动的，最终会实现最优配置，各主体间的要素边际产出也会趋于一致。因此，当要素充分流动以实现最优配置时，各行业、各区域边际要素产出的差距也是收敛的，边际报酬递减会使各个经济体间收入差距逐渐缩小，实现收入水平的趋同，但现实情况与完全竞争市场假设相距甚远。因此，要想保证经济的可持续发展，单纯依靠要素投入是不可行的，一方面需要依靠技术水平的提升，另一方面需要减少要素的错配。通过纠正行业间、地区间的要素价格扭曲，消除要素错配，更有效地使用各类要素，不仅能以较小的成本加快产业发展，还能提升经济效率，转变经济发展方式，具体的机制如下。

第一，减少要素错配有利于提升行业全要素生产率，进而可增加实际产出，提升产出效率[3]。各行业的快速发展必然伴随着要素的大量投入，但是各类要素在一定时间内又是有限的，因此要素的配置状况对生产率和产出增长速度两方面的影响是立竿见影的。发展是人类社会永恒的主题，经济落后的国家或地区在追赶发达经济体的过程中会逐渐加大对各类资源的开发力度，对各类要素的需求也逐渐增加，要素的不足有可能在早期成为困扰这些经济体发展的重大因素。倘若经济体中存在大量落后产能和低效企业，并且市场出清存在时间滞后，又或者各种行政、制度等因素强行干预了要素的配置，那么要素错配、资源浪费将成为一种必然现象[167]。可想而知，在要素总量有限甚至不足的情况下，要素错配会严重妨碍产业的迭代升级进而影响经济的高质量发展。

从经济体内部来看，在实际的社会生产中，各个经济体的要素资源禀赋不同，区域所面临的要素供给环境存在差异，因而各个经济体中不同行业或不同部门的生产会因要素供给成本的不同而形成不同的生产模式和生产路径。在完全竞争市场中，各个行业面临相同的要素价格，那么更高效的企业在市场中将具有生产的成本优势，从而获得竞争优势，要素也会优先配置到这些企业，初始资源禀赋状态下形成的粗放型生产模式将被淘汰，整体经济也可健康持续发展。而要素错配最直接的后果就是阻碍了要素的流动，要素无法从边际产出更低的行业、企业流向更高效率的行业、企业，要素全局的配置效率受到影响，进而降低经济体的整体产出效率。倘使要素错配的状态一直保持下去，显然不利于经济的长期发展，势必会带来潜在经济增长率的损失以及降低潜在投入产出水平，使经济体间收入差距难以缩小。

第二，要素错配会阻碍产业结构升级[168]，而合理的产业变动将有助于经济的持续增长和环境效率的提升。一方面，要素错配会直接影响行业本身发展。要素错配会使部分行业无法获得充足的要素供给，而使另一部分行业要素供给过剩，要素供给不足的产业自然发展受限，从而整个产业结构调整的速度也会放缓；而在要素供给过剩的地方由于要素廉价，相关产业会过度扩张，对其他企业产生挤出效应，此消彼长必然不利于产业结构的调整。另一方面，要素错配还可以通过拉大收入差距来抑制产业结构升级。在要素市场中资本要素的过度配置会利于资本密集型产业的发展，由此导致经济体中所生产的产品也是资本密集型，对劳动密集型产品形成替代，进而导致对外贸易时商品结构发生改变，最终引发资本对劳动力的替代，让资本所有者的收入进一步提高，扩大了与劳动者的收入差距[129]。收入差距的扩大会减少消费，降低社会总需求，这进一步制约了消费结构升级，让提供中高端消费品的产业得不到发展，形成低端产业结构锁定，最终还会产生环保问题。例如，因能源富集而以采掘业为主导的地区或因资本富集而以重化工业为主导的地区，容易产生严重的环境污染问题。很多情况下，之所以会形成要素错配，很大程度上与地方政府的选择有关。许多地区的政府会出台相关政策干预对要素的使用，倾向于将要素导向本土企业，而且发展产业时也存在路径依赖，容易偏向资源型产业。因此，政府的干预行为往往是逆市场规律而动，妨碍了市场机制的正常运作，落后产能不但未被淘汰反而还占有大量生产要素。这种情况下，本就落后的地区要想进行产业结构调整实现产业转型升级就面临更大的困难，更谈不上在各地区间完成最优的要素配置[169]。这势必导致地区间差距扩大，不利于地区间收入差距水平缩小。

要素错配在微观层面上最直接的后果就是使那些本该被市场淘汰的落后产能企业存活下来[170]。由于其能以较低价格获得要素，要素使用成本和市场价格间的差价变相为这些落后产能企业提供补贴，部分落后企业甚至通过这种补贴获得了超额利润，进一步打消了企业的退出意愿，因此这些低效企业在权衡完竞争成本以及寻租成本后，更愿意继续维持原有粗放型的生产模式而非增加研发提升生产率。从政府角度来看，由于地方政府以经济增长为重点考评绩效，面对政绩压力，地方政府对高产出值产业有更强的偏好，会引导更多的要素投入且给予更大的政策支持力度，而这些产业拥有高产出值的同时往往也是高能耗、资本密集型的。技术密集型产业因其研发周期较长且存在研发失败的风险，往往并不受政策的青睐，可能会出现要素配置不足的情况，因而产业结构调整受阻。最后，要素价格扭曲会让企业拥有低成本优势，这种优势在对外贸易中会进一步转化为出口价格的优势，在短期内可以增强企业的出口竞争力，使企业短期内出口规模显著提升[171]。但长期来看，由于产业结构落后，技术缺乏革新，出口仍是低附加值的非技术知识密集型产品，而且会加重区域生态压力。

第三，要素错配会抑制技术创新[172-173]，而技术进步有助于能源效率的提升，进而增进环境效率。科学技术的提升促使各个产业不断向前发展，技术结构的变动往往也带动着产业结构的改变。新技术通过两种途径影响产业结构变动：一是新技术的开发利用会直接创造新产业；二是改良技术的运用有助于传统产业的升级，从而提升要素的使用效率，优化要素的配置效率。要素错配程度高的区域通常有以下共性：首先，地方政府会通过税收、补贴的方式人为压低要素价格，享受到低成本要素的企业容易产生依赖，会过度使用要素而不是选择增加研发以提升企业实质的竞争力，这使得在市场"优胜劣汰"机制下本应退出的产能过剩、高能耗和高污染的企业仍可存续，对环境、大气造成持续破坏。其次，在政绩竞赛的压力下，地方政府出于发展经济的动机而会采取一些违逆市场规律的行动，对辖区内的企业有明显的倾向性和保护性，优先分配要素，并对其他地区的企业实施价格歧视[168]。这种行为妨碍了要素的自由流动，十分不利于企业的技术研发，要素成本约束的放松让企业缺乏动力进行研发和采用清洁生产工艺、清洁能源，企业继续维持高污染、高能耗的生产模式，严重影响城市生态环境。

综上所述，各类要素错配会降低经济效率进而减少整体经济产出；会阻碍产业结构升级而影响经济发展水平，并导致环境污染程度提高；会不利于企业创新研发而抑制能源效率提升，致使污染物排放增多，加剧环境问题。

4.2 资本与劳动错配对产业转型的影响

本小节结合要素错配影响产出的理论模型，从整体要素错配中细分出资本错配和劳动错配，具体分析资源型城市中资本错配和劳动错配产生的原因及其给城市产业转型带来的影响，明确各个要素对产业转型的不同影响路径。

4.2.1 资本错配

（1）扩大产出缺口

资源型城市发展过程中，政府干预、市场的不完全性等因素使资本要素价格扭曲，在行业间形成资本错配，从而造成效率的损失，降低了整体产出。从微观上看，金融资源在行业间的错配影响了企业投资，改变了不同行业间扩大生产规模的步幅，行业产出及行业间结构变动受到影响。金融机构会根据企业的运营状况、利润、风险等信息做出评估，进行资金的配置和引导。资源型产业作为城市主导产业，有利于降低金融机构的信息搜集成本和筛选成本，较易克服金融市场中的信息不对称问题，因此，与包括新兴产业在内的非主导产业相比，资源型产业的企业更易获得资金。与此同时，地方政府官员出于经济增长考核和财政收入压力，在任期内更倾向于推动资源性项目的建设，而此类项目往往短期见效更快。因此，地方政府有充分的动机干预要素市场的交易活动，将金融资源向资源性项目引导，使相关行业受益。而在我国，银行信贷这一间接融资方式是企业获得融资的最主要方式，在利率未实现市场化的情况下，与其他融资渠道相比从银行获得融资的成本更低。资源型行业的企业可以从银行以较低的融资成本拿到资金，换言之其资本扭曲"税" τ_K 下降为负，行业内企业将更多地占用资本扩大投资，对其他行业形成金融挤出效应，使其他行业发展不足；同时资本扭曲"税" τ_K 下降也意味着资源型行业的资本相对扭曲系数上升，即 $\Delta \ln \hat{\lambda}_K > 0$，考虑其他条件不变情况下产出缺口仅与行业资本要素价格相对扭曲 $\hat{\lambda}_{K_{it}}$ 以及各行业产值在整个经济中的产出比例 s_{it} 有关，资源型行业 $\Delta \ln \hat{\lambda}_K > 0$ 会导致社会总产出相对有效产出的缺口进一步扩大，即 $\ln(Y/Y_{\text{efficient}})'_{t+1} - \ln(Y/Y_{\text{efficient}})_t > 0$，而城市中资源型行业的产出比例 s_{it} 往往较大，会恶化整个城市的产出损失情况。

（2）强化粗放型产业结构

行业间的资本错配会抑制资源型城市的产业结构升级，而粗放型产业结构并不利于环境质量的改善，会降低资源型城市在产业转型中的环境效率。我国各地长期依赖投资驱动型的经济增长模式，资源型城市的地方政府为了实现经济增长的目标，会积极支持本土资源型产业的发展。与招商引资而来或本土已有的其他行业，尤其是高新技术行业相比，资源型行业具有投入短期见效快且产值高的特点。地方政府会通过干预金融部门信贷决策等方式扭曲资本价格以支持相关产业发展，让大量资本要素涌进资本密集型、高能耗、高产值的资源采掘业或低水平的加工业，资本密集型产业规模过度提升，而城市知识、技术密集型产业则金融资源配置不足，迟滞产业转型，整个城市的产业优化升级步伐被拖慢。资本密集型的资源采掘、加工业比重上升而高新技术产业比重下降，显然会加剧污染物的排放，对环境产生负面影响。而且地方政府为了增加地区生产总值，提升政绩，不仅会对资本要素价格进行干预来压低资金成本，而且会在一定程度上容忍高污染、低效益、高能耗产业对环境的破坏，走上"先发展、后治理"的路子。

4.2.2 劳动错配

（1）劳动挤出效应

资源型城市大多以资源型行业为主，而资源型行业会面临劳动总体配置不足的问题，这种配置不足不仅体现在数量上，而且表现在质量上，即资源型行业高素质劳动力配置尤为不足。之所以出现配置不足的状况主要有两方面的原因：就供给方而言，就业人员因受教育年限不同而呈现出劳动力的异质性，随着受教育程度提高，劳动者对工作环境和安全性的要求也相应提高，因此劳动者需要资源型行业提高工资水平以进行补偿；就需求方而言，资源型行业大多停留在粗放式开采利用阶段，通过出卖资源等原产品就可获得丰厚利润，缺乏技术革新和提高产品附加值的动力，因此较难提供较高的工资水平和相应岗位，难以留住高素质、高技能的劳动者。在结果上，对劳动者而言，劳动者无法得到预期回报，降低了劳动者积极性，如果资源型行业仍以市场工资水平招收劳动者就会出现劳动要素在数量上配置的不足，且岗位结构与人力资本结构的不匹配也挤压了教育投入、人力资本的形成和培养；对企业而言，人才是企业珍贵的研发资源，无力支付与劳动者劳动付出相应的报酬会引起企业人才流失，而劳动要素在质量上配置的不足使企业更加依赖低附加值的生产模式，形成恶性循环。因此，劳动力的素质层次越高，资源型行业劳动配置不足的情况越严重。

资源型行业难以吸引足够的劳动力，尤其对高素质人才缺乏吸引力，而且资源型城市产业结构较为单一，缺乏高端制造、信息技术服务业等高附加值行业，因而当地的金融业、生活性服务业和公共服务业将吸收过剩的劳动力，尤其是高素质劳动力会配置过度，这就形成了资源型城市的劳动错配。例如，公共管理、社会保障和社会组织行业的从业者大多属于国家机关公务员，这些从业者工作稳定，社会地位较高，单位福利较多；金融行业总体平均收入较高，工作相对体面，这些行业均会吸引大量的大学生等高素质就业人员。非资源型行业并不是资源型城市的主导产业，同时由于其行业自身特点，总体来看对于劳动力吸纳有限，因此资源型城市仍然存在高素质劳动力的结构性失业。从长远来看，这部分劳动力可能会长期甚至永久性地迁出当地，前往更发达的地区寻求就业机会，造成资源型城市总劳动供给下降，加剧劳动配置不足的局面。

（2）降低产出效率

资源型城市行业间的劳动错配会降低产出效率。理论上，无论是事业性行业、资源型行业、高端制造业还是以金融为代表的非生产性行业，只要进行适度的人力资本积累都有利于全要素生产率的提高，但是在一定时期内，资源型城市的劳动要素是有限的，城市行业间的劳动错配会使社会总产出低于潜在产出水平。由上文理论框架分析可得，在不考虑其他要素扭曲的情况下，各行业间的劳动存在相对扭曲，即 $\Delta \ln \hat{\lambda}_L > 0$，会导致 $\ln\left(Y/Y_{\text{efficient}}\right)'_{t+1} - \ln\left(Y/Y_{\text{efficient}}\right)_t > 0$，同样会导致与有效产出的相对缺口扩大，即存在产出损失，影响最终的产出效率。

（3）抑制创新能力

除了直接影响社会总产出外，行业间的劳动错配，尤其是高质量、高技术劳动配置的不足还会通过影响人力资本形成来阻碍城市创新能力的提升，进而影响能源效率和环境效率。资源型城市的产业发展与升级落后于人力资本的提升，导致高素质的劳动者与资源型城市产业结构所提供的岗位不匹配。随着高素质劳动者的流失，资源型城市的转型将更加困难。同时在留下的劳动力中，高素质劳动者如果不进入生产性部门，而选择进入垄断部门或者政府部门，那么制造业等生产部门的行业产出效率和生产技术就会因为人才的缺失而出现提升缓慢甚至停滞的现象，城市的创新能力将大大削弱。绿色技术的研究与开发需要有较强的城市创新能力作保障，而绿色技术的运用可以实现对传统产业的改造，绿色技术的发展本身就可以培育出新兴产业。对绿色技术的掌握有助于企业提高能源、资源的利用效率，实现节能减排，同时，也会加强企业对有害废弃物的处理，提高循环利用率，最终实现城市环境质量的改善。

劳动要素在行业间的错配往往还因所有制的不同而进一步强化，这种制度因素导致各行业无法进行合理的人力资本积累，弱化了城市创新能力。在资源型城市中，占主导地位的资源型行业中拥有大量的国企，部分垄断行业的资源型企业，诸如电力、燃气等行业的国有企业，由于垄断和行政因素赋予其工作稳定、福利待遇优厚等人才吸引优势，变相提高了实际支付的工资，与非国有企业相比，相同的工资水平下更能吸引人力资本，形成人力资本的过度占用；而大量来自非资源型行业的中小企业往往是非公有制企业，整体福利待遇低于国有垄断企业，在与国有企业支付同样的市场工资时对人才较缺乏吸引力，不利于人力资本的积累，反而低素质劳动力与国有企业相比则可能相对过剩。虽然高素质人才偏向配置于资源型公有制企业，但资源型城市中很多国有企业通常只是地方上的分公司，不需要承担研发功能，因而这些企业缺乏技术创新的动力，过度占有高素质人才并不能显著释放人力资本红利；相反，其他行业非公有制企业高素质劳动力配置不足，导致其技术提升滞后，这种影响对新兴行业而言尤为明显：新兴行业中的企业通常都是非公有制企业，其快速成长对高素质劳动力有更大的需求，这种需求缺口将严重阻碍新兴行业非公有制企业的发展。

劳动错配的最终结果是，错配使城市整体研发投入不足，阻碍城市创新能力的提升；而且随着社会的进步，对城市环境的要求会越来越高，有持续创新能力的城市在节能减排方面更有优势，城市环境越好也就越容易吸引人才留下，形成城市竞争力提升的正向循环。

4.3 能源错配对产业转型的影响

本小节结合要素错配影响能源效率的理论模型，聚焦于从整体要素错配中细分出的能源错配，研究资源型城市产生能源错配的原因及其对城市产业、经济、社会的影响，明确能源错配对环境效率与能源效率影响的作用机理。

4.3.1 企业间错配

能源价格扭曲导致的能源错配表现为能源的用途间错配。资源型城市在经济发展初期，必然立足于城市自身资源禀赋，主要通过开发利用能源资源来实现经济发展。如果市场是有效的，即市场中各个企业面临的价格和其他竞争条件是相同的，那么根据前文的理论框架，技术水平 A 的增加（$\Delta A > 0$）将使均衡能源需求量增加（$\Delta E^* > 0$），即能源要素应该逐渐流向技术不断提升的企业，能源的配给与技术水平成正比。

但是，很多资源型城市规模经济等导致能源供给成本偏低，市场的分割又让当地企业的使用成本具有先天的价格优势；而地方政府为了保护地方产业和发展当地经济，倾向于让辖区内企业优先获得生产要素，存在人为干预能源资源价格的动机，因此能源市场是扭曲的，面对偏低的能源使用价格，企业会倾向于大量甚至过量使用能源资源而不是提升技术降低能耗，能源的配给与各企业实际面临的价格成反比，均衡条件下形成的使用格局并不满足最优能源效率的条件。从企业行为来看，由于政府控制了能源要素的定价权和初始分配权，一旦对政府官员的权力监督不到位，企业很容易产生寻租行为。企业在寻租的过程中如果能够和政府官员建立超常的联系，就能以低于市场的价格获得企业发展所需要素，企业自然愿意通过寻租活动获得超额利润或者寻租收益，而不是通过加大研发提升能效来增加企业竞争能力、利用技术创新获得超额利润，那么最终结果是当地专注于能源效率提升的企业反而未必能获得竞争优势，能源等资源也未按市场原则优先分配给效率高的企业。

能源要素错配通过增加能源要素使用量直接对环境产生负面影响，影响转型的环境效率。企业能以低于市场正常水平的价格获取能源要素，必然选择更多地使用能源，因此对能源要素的过度使用势必会增加污染排放；能源要素的错配抑制了技术进步，能源要素最终流向粗放型企业，降低了全局能源效率，形成资源型城市整体粗放利用能源资源的局面，以粗放型、高能耗的增长方式发展经济，加剧了环境污染。

4.3.2　产业间错配

首先，能源要素的错配会进一步强化资源型产业的主导地位，不利于地区产业的结构优化，产生挤出效应。许多资源型城市通常能源要素富集，在城市发展的前中期往往以能源资源驱动经济发展，这种发展模式会让能源资源产业在城市产业结构中逐步成长为主导产业；到发展后期，资源型城市本应实现产业结构的多元化，利用前中期的积累逐步形成一批技术知识密集型产业，但能源错配会为相关资源型产业带来成本上的优势，使落后产能相当于获得变相补贴而未被淘汰，原本就处于主导地位的资源型产业会继续吸收该地区的资本、劳动力等要素，落后产能也继续占有资源，导致其他产业被挤出，强化发展的路径依赖，使资源型城市仍然依靠原有的单一产业结构体系来实现经济增长。其次，能源要素的错配会通过抑制研发投入加剧高能耗产业的集聚，阻碍产业结构升级。结合上一部分的分析，能源要素的错配会抑制企业技术进步，这导致在资源型城市中能源效率低下、高能耗产业会进一步集聚，进而提升资源型城市的能源消耗量。

因此，能源要素扭曲也将通过在单一、落后的产业结构基础上增加经济规模间接对环境产生压力。由于较低的能源要素使用成本会抑制企业进行技术研发的动力，资源型城市会通过加大廉价能源要素的投入，在低水平上扩大经济规模，为经济增长提供动力，这使得资源型产业中大量低效率企业和落后产能继续存在，整个城市高能耗产业会进一步集聚，资源型产业转型升级受阻，整个地方经济始终在一个较高的能耗水平上运行，城市环境持续承压。

4.4 本章小结

本章首先基于柯布－道格拉斯生产函数，构建了旨在分析要素错配对整体产出及能源效率影响的理论分析框架，在此基础上总结出要素错配影响产业转型的一般机理，即要素错配一方面通过抑制产业结构升级来影响经济体的可持续发展并间接加重环境问题，另一方面通过抑制企业技术创新来影响能源效率的提升，进而间接加剧环境污染。在总的理论框架下，本章进一步阐释了不同要素错配影响资源型城市产业转型的作用机理。

（1）行业间的资本错配引发资源型城市产业转型效率的损失

由于发展路径依赖和政府干预，资本在行业间的错配使资源型产业过度占有资本要素，非资源型产业难以获取金融资源，强化锁定了粗放型产业结构，导致低附加值的资源采掘业或初级加工业过度发展并对附加值高的替代产业形成挤出效应，扩大了社会总产出相对有效产出的缺口，在抑制产业结构转型升级的同时加重了环境负担，降低了产出效率和环境效率，从而放缓了整体产业转型的进程。

（2）行业间的劳动错配抑制资源型城市产业转型效率的提升

在价格扭曲条件下，行业间的劳动错配造成资源行业的劳动配置不足且非生产性行业劳动力配置过度，使行业间的劳动配置在数量和质量上偏离整体配置的最优路径，导致实际产出偏离最优配置下的产出，在宏观上抑制产出效率的提升。同样，不同行业间劳动要素因所有制障碍进一步强化了错配，导致低效率的国有企业劳动力配置过度且更多替代产业中私营企业的劳动力配置不足，企业的实际产出偏离劳动最优配置时的潜在产出，引发产出效率的损失，进而对资源型城市整体转型效率造成不利的影响。

（3）企业间和产业间的能源错配阻碍资源型城市产业转型效率的提高

由于能源使用价格被人为压低，企业会被鼓励密集使用能源要素而不是提升技术降低能耗，同时会激发企业的寻租行为而非研发行为来使企业继续低价获取能源要素，因此企业间的能源错配使能源要素被低能效企业占有而非流向高能效企业，过量使用能源在增加能耗的同时加剧了污染排放，降低了能源效率和环境效率，不利于城市的整体转型。而能源在产业间的错配会加剧高能耗产业的集聚并提高落后产能的退出壁垒，挤占替代产业发展所需要素，抑制城市产业结构升级，使城市在高能耗、高污染水平的产业结构上运行经济，引发能源效率和环境效率的损失，阻碍资源型城市的整体转型。

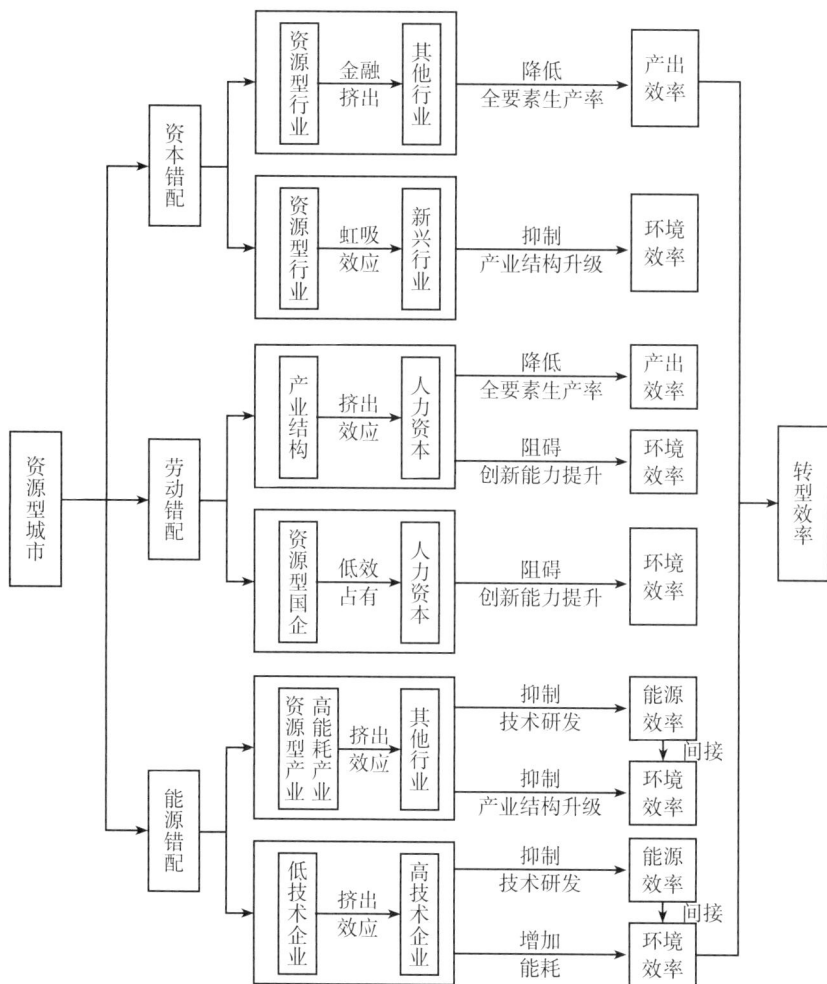

图4.1　传导机制图

5 资源型城市产业转型效率的维度与测算

合理评价资源型城市的产业转型效率能够为纠正要素错配和制定优化要素配置的战略布局提供可靠的依据。为了更全面客观地评价近年来我国资源型城市产业转型取得的成效，本书基于方向距离函数测算了我国资源型城市的产业转型效率，并与非资源型城市进行横向对比。结合前文产业转型的内涵可知，产业转型是多目标下的产业结构优化升级，不仅包括产出效率的提升，还要考虑能源资源节约目标和环境污染排放约束目标。本书将资源型城市的产业转型效率按照能源、产出和环境三个维度进行分解，分别考察资源型城市产业转型在能源节约、经济增长和环境友好三个维度的表现。此外，本书识别了不同成长阶段、地理区域和主导资源的资源型城市转型效率的特征和差异，为制定各具特色的要素优化政策提供新思路。

5.1 产业转型效率的内涵及维度

5.1.1 产业转型效率的内涵

产业转型升级是我国资源型城市摆脱资源依赖、实现经济转型的关键和核心。资源型城市产业转型主要指资源型城市逐步改变以资源产业为主导产业的发展方式，通过资源的合理配置实现产业结构升级，向培育第三产业、高技术产业以及新兴产业等替代产业的方向转变，进而实现经济、能源、生态等可持续发展的经济发展方式的转变。本书尝试通过结合产业转型的内涵来界定资源型城市的产业转型效率。通常，效率被赋予投入与产出两者之间的比例关系。那么，资源型城市的产业转型效率就是考量资源型城市能否在从资源产业向第三产业、新兴产业等接续替代产业转型的过程中以最少的要素投入实现经济增长、能源节约、环境友好等可持续发展的经济发展方式的转变。

5.1.2 产业转型效率的维度

我国大部分资源型城市对资源开采和加工依赖度较高，而资源产业又往往具有典型的高能耗、低产出和高排放等特点。随着我国节能减排工作的持续推进，如何实现经济、能源与环境三者之间的协调发展成为众多资源型城市面临的难题[101]。在可持续发展的语境下，经济稳定增长、能源节约和污染减少构成地区经济高质量和绿色增长的三个基本维度，也是资源型城市转型发展的本质要求。因此，本书将能耗和污染排放纳入测度资源型城市转型效率的理论分析框架中[174]。

综合以往研究，大体有两种思路对能源浪费和环境污染对经济产出的影响效应进行研究：一种思路是将能源消耗量和治理环境污染的费用均作为要素投入，节约能源和减少污染就必须增加用于节能减排的投入[175]。但是这种思路难以判断要素投入中哪些用于治理污染、哪些用于好产品的生产，因此在以往研究中很少采用此种思路。另一种思路是只将能源消耗量作为要素投入，而将污染排放作为没有预期的非期望产出，要想降低此种非期望产出必须将一部分投入用于治理污染排放，结果必然导致期望产出的减少。这种思路常常需要较多的样本数据和复杂计算过程作为支撑。本书将采用第二种研究思路衡量资源型城市发展中能源、产出与环境的协调关系。

本书在考察资源型城市投入产出效率时，重点关注其在投入产出过程中是否实现了产出增长、能源节约和环境友好三个维度。因此，本书在产出层面选取环境污染水平作为非期望产出来考察其对环境的破坏是否有所改善，在投入层面选取能源投入来衡量其对资源的依赖度是否有所下降，还分析了其在节能减排的约束下是否保持GDP的稳定增长。这种测算思路与《全国资源型城市可持续发展规划（2013—2020年）》中提出的资源保障、经济发展、环境保护、民生改善四个资源型城市转型发展目标要求基本吻合。然而，由于资源型城市的转型升级时日尚短，接续替代产业的培育还未完全见效，加之缺乏相关数据的支撑，因此本书将GDP增长看作资源型城市产业转型的一种表现，GDP增长也为城市的民生改善奠定了基础。因此，本书将城市的投入产出效率界定为产业转型效率[175-176]，并进一步将其分解为能源效率、产出效率和环境效率，以考察各资源型城市在能源、经济与环境三个维度的转型效率。

5.2 产业转型效率的测算过程

5.2.1 测算方法

　　基于 Farrell（1957）的研究，Charnes 等（1978）首先提出了 DEA 模型。此后，学者们对 DEA 模型进行拓展并使其成为效率研究分析的主要工具。在 DEA 方法的发展和演化过程中，学者们扩展了基础的 DEA 模型，突破了原有的条件限制和假设。早期的 CCR 模型、Russell 模型、QFI 模型和 SBM 模型等基本模型在测算效率方面得到了一定的运用，但关于产出端，多数研究只考虑了期望的经济产出而忽略了对非期望产出的考察，这是现有研究存在的主要缺陷。由于治理污染物需要治污成本，产出中应剔除这部分成本才能反映真实的经济增长。但污染物治理的成本通常无法确定，因此传统的核算手段和生产理论无法对其进行直接处理。那么，如何将能源消费和污染排放纳入同一个 DEA 模型中是一个关键的问题。

　　传统 DEA 模型在对非期望产出的技术处理上存在两个问题：第一，传统 DEA 模型只允许提高产出和降低投入，这限制了非期望产出的减少。文献中通常将非期望产出作为投入或者利用数据转换的方法来克服这个问题。第二，传统 DEA 模型假设投入和产出均为强（自由）处置。但在实际生产过程中，非期望产出的降低需要付出较高的成本[176]。距离函数可以同时处理能源投入和污染物的减少。一般地，距离函数分为谢泼德距离函数（Shephard distance function，SDF）和方向距离函数（directional distance function，DDF）两类。谢泼德距离函数假设期望产出和非期望产出按照同比例扩大或缩小，无法保证在期望产出扩大的前提下实现能源节约和污染减排。Chung 等学者们基于谢泼德距离函数构建了专门处理非期望产出问题的方向距离函数（DDF）[177]，其优势在于可以在技术可行及允许的范围内，同时实现期望产出的增加和非期望产出的减少，而这正是资源型城市在能源改革和绿色发展的新理念下转型升级的关键和核心，因此，方向距离函数比谢泼德距离函数更适合研究资源型城市的转型效率问题。本书采用方向距离函数测算资源型城市的转型效率。

　　基于以上分析，本书将我国每个地级市看作一个复杂的投入产出系统，在考虑能源和环境的因素下评价各地级市在产业转型升级过程中的投入产出效率，即以最小的资本、劳动和能源投入实现最快的经济增长和环境友好，在节能减排的目标下保持经济的稳定增长。就资源型城市而言，能源作为其最主要的禀赋条件，投入的比例相对较大，污染物的排放也相应增加，赋予能源投入更大权重测算出的转型效率要低于赋予资本、劳动和能源三种投入要素相同权重时的转型效率。因此，本书分别赋予三种投入不同的权重以考察不同要素投入比例下我国各地级市的转型效率。

按照方向距离函数的思路，某一资源型城市若要实现资源保障、环境保护、经济发展的转型发展目标，需要沿着经济稳定增长、节能和减排三个方向朝生产前沿移动。某一方向移动的距离越大，说明在该方向上实际值与转型升级目标值的差距越大。进一步，某一方向目标值与自身实际值的比值越大，说明在这一方面的现有状况越不佳，与理想状态差距越明显，转型效率越低。按照这样的逻辑思路，理论上资源型城市在转型升级过程中的能源效率、产出效率和环境效率，就是指在能源节约、经济增长和环境友好三个方向上实际值与目标值之比，比值越小意味着实际值与转型升级目标值的差距越明显[174]，能源效率、产出效率和环境效率越低。

5.2.2 测算模型

（1）转型效率的测算模型

在上述理论框架的逻辑下，本书采用DDF方法测算资源型城市的转型效率。每个城市被看成一个生产决策单元，每个决策单元都有劳动、资本和能源三方面投入以及期望和非期望两种产出[174]。因此，生产可能性集合表示为：

$$T = \left\{ (k,\ l,\ e,\ y,\ b) : (k,\ l,\ e) 产出(y,\ b) \right\} \qquad (5.1)$$

其中，资本 k、劳动 l、能源 e 为投入要素，国内生产总值 y 为期望产出，污染排放 b 为非期望产出。根据Fare等的研究[178]，生产技术 $T(x)$ 应满足如下基本假设：第一，期望产出与非期望产出具有零结合性（null-jointness）；第二，投入和期望产出具有强可处置力（String disposability）；第三，非期望产出具有弱处置能力（weak disposability）[174]。对于 n 个城市的决策单元DMU，方向距离函数的一般模型可表示为：

$$\vec{D}(k,\ l,\ e,\ y,\ b;\ g) = \max \beta \tag{5.2}$$

$$\text{s.t.} \sum_{n=1}^{N} \lambda_n k_n \leq k(1-\beta),\quad \sum_{n=1}^{N} \lambda_n l_n \leq l(1-\beta),\quad \sum_{n=1}^{N} \lambda_n e_n \leq e(1-\beta),\quad \sum_{n=1}^{N} \lambda_n y_n \geq y(1-\beta),$$

$$\sum_{n=1}^{N} \lambda_n b_n = b(1-\beta),\quad \sum_{n=1}^{N} \lambda_n = 1,\quad \lambda_n \geq 0,\quad \beta \in [0,\ 1]$$

其中，λ_n 为各个决策单元的权重。$\sum_{n=1}^{N} \lambda_n = 1$ 表示权重变量之和为 1，这意味着生产技术是规模报酬可变（VRS）的。若不加此限定条件，则代表规模报酬不变（CRS）。目标函数 β 为无效率值，$1-\beta$ 则为效率值[174]。

尽管方向距离函数（DDF）在测算生产率过程中得到了一定的应用，但其模型假设存在弊端，即限制期望产出的增加以及要素投入和非期望产出的减少是相同比例的，这一假设极易导致"松弛偏误"。针对现有的不合理之处，本书尝试三方面的改进：①方向向量内生化。方向向量 $g = (g_k,\ g_l,\ g_e,\ g_y,\ g_b)$ 为单位向量，令 $\sum g = 1$，方向 g 均为非负的；通过模型来求解内生决策变量，而非通过事先人为设定，使不同决策单元的方向向量可能是不同的，从而使得各资源型城市的转型升级方向不同，这样更加符合实际。②绝对距离转化为相对距离。将目标函数中各个方向上的松弛量（即绝对距离值）除以该维度上的实际值，转化为相对距离，且在不同方向的相对距离是不同的。③引入外生权重 $\alpha_i (\sum \alpha = 1)$。不同的权重组合，代表不同的约束条件和目标，借此反映各维度不同的重要程度[174]。

经过改进，得到测算转型效率的方向距离函数为：

$$\vec{D}(k,\ l,\ e,\ y,\ b;\ g) = \max \left(\alpha_1 \cdot \frac{\beta g_k}{k} + \alpha_2 \cdot \frac{\beta g_l}{l} + \alpha_3 \cdot \frac{\beta g_e}{e} + \alpha_4 \cdot \frac{\beta g_y}{y} + \alpha_5 \cdot \frac{\beta g_b}{b} \right)$$

$$\tag{5.3}$$

$$\text{s.t.} \sum_{n=1}^{N} \lambda_n k_n \leq l - \beta g_k,\quad \sum_{n=1}^{N} \lambda_n l_n \leq k - \beta g_l,\quad \sum_{n=1}^{N} \lambda_n e_n \leq e - \beta g_e,\quad \sum_{n=1}^{N} \lambda_n y_n \geq y + \beta g_y,$$

$$\sum_{n=1}^{N} \lambda_n b_n = b - \beta g_b,\quad \sum_{n=1}^{N} \lambda_n = 1,\quad \lambda_n \geq 0,\quad n = 1,\ \cdots,\ N,\quad \text{且}\quad \frac{\beta g_k}{k},\ \frac{\beta g_l}{l},\ \frac{\beta g_e}{e},\ \frac{\beta g_y}{y},$$

$$\frac{\beta g_b}{b} \in [0,\ 1]$$

由于目标函数中的 β 和方向向量 $g = (g_k,\ g_l,\ g_e,\ g_y,\ g_b)$ 均是所求解的变

量，二者又为乘积形式，因而模型（5.3）为非线性规划，可能产生非全局最优解或无解的情况。根据 Fare 等研究的有益结论[179-180]，令 $S_k = \beta g_k$，$S_l = \beta g_l$，$S_e = \beta g_e$，$S_y = \beta g_y$，$S_b = \beta g_b$，将模型（5.3）转化为线性规划，即：

$$\vec{D}(k, l, e, y, b; g) = \max\left(\alpha_1 \cdot \frac{S_k}{k} + \alpha_2 \cdot \frac{S_l}{l} + \alpha_3 \cdot \frac{S_e}{e} + \alpha_4 \cdot \frac{S_y}{y} + \alpha_5 \cdot \frac{S_b}{b}\right) \quad (5.4)$$

s.t. $\sum_{n=1}^{N} \lambda_n k_n \leq l - S_k$，$\sum_{n=1}^{N} \lambda_n l_n \leq k - S_l$，$\sum_{n=1}^{N} \lambda_n e_n \leq e - S_e$，$\sum_{n=1}^{N} \lambda_n y_n \geq y + S_y$，$\sum_{n=1}^{N} \lambda_n b_n = b - S_b$，$\sum_{n=1}^{N} \lambda_n = 1$，$\lambda_n \geq 0$，$n = 1, \cdots, N$，且 $\frac{S_k}{k}, \frac{S_l}{l}, \frac{S_e}{e}, \frac{S_y}{y}, \frac{S_b}{b} \in [0, 1]$，$0 \leq S_k \leq k$，$0 \leq S_l \leq l$，$0 \leq S_e \leq e$，$0 \leq S_y \leq y$，$0 \leq S_b \leq b$

通过线性规划对（5.4）求解，可得 S_k、S_l、S_e、S_y、S_b 的值。令 $\Omega = S_k + S_l + S_e + S_y + S_b$，且 $\sum g = 1$，则得到：

$$\Omega = \beta(g_k + g_l + g_e + g_y + g_b) = \beta \quad (5.5)$$

因此，可得 $g_k^* = S_k / \Omega$，$g_l^* = S_l / \Omega$，$g_e^* = S_e / \Omega$，$g_y^* = S_y / \Omega$，$g_b^* = S_b / \Omega$。β 为决策点到生产前沿面的最大距离，这一距离在各个维度的方向向量的大小存在差异，从而投射到各个维度的距离也有差异。进一步，通过模型求解得到目标函数的无效率值，再由 1 减目标值得到最终的转型效率。当决策单元位于生产前沿面上时，该点目标值为 0，转型效率值为 1。

综上，本书基于模型（5.4）对我国各地级市（包括资源型城市和非资源型城市）的转型效率进行测算和比较，并利用对外生权重差异化的设置重点考察转型目标下资源型城市的转型效率。

（2）转型效率的分解

模型（5.4）通过劳动、资本和能源投入以及期望产出和非期望产出五个维度对各地级市的转型效率进行测算。而根据本书对资源型城市转型升级内涵的界定，资源型城市的转型升级目标主要包括资源保障、环境保护和经济发展。基于转型效率的测算框架，以劳动和资本要素投入固定为前提，用能源投入、期望产出和非期望产出三个维度分别衡量资源型城市在这三个方面的转型效率。

基于改进后的测算方法，能源投入降低、期望产出增加与非期望产出减少分别对应资源型城市转型效率的三个维度。因此，令资本与劳动投入固定不变，能够得到资源型城市转型效率的测算模型：

$$\vec{D}(k,\ l,\ e,\ y,\ b;\ g) = \max\left(\alpha_1 \cdot \frac{S_e}{e} + \alpha_2 \cdot \frac{S_y}{y} + \alpha_3 \cdot \frac{S_b}{b}\right) \tag{5.6}$$

s.t. $\sum_{n=1}^{N} \lambda_n k_n \leq k$, $\sum_{n=1}^{N} \lambda_n l_n \leq l$, $\sum_{n=1}^{N} \lambda_n e_n \leq e - S_e$, $\sum_{n=1}^{N} \lambda_n y_n \geq y + S_y$, $\sum_{n=1}^{N} \lambda_n b_n = b - S_b$, $\sum_{n=1}^{N} \lambda_n = 1$, $\lambda_n \geq 0$, $n = 1, \cdots, N$, 且 $0 \leq S_e \leq e$, $0 \leq S_y \leq y$, $0 \leq S_b \leq b$

通过求解模型（5.6），得到某一资源型城市能够节约的能源消耗量 S_e，增加的 GDP S_y，减少的环境污染排放 S_b。令 $\Omega = S_e + S_y + S_b$，由于 $\sum g = 1$，则有

$$\Omega = \beta(g_e + g_y + g_b) = \beta \tag{5.7}$$

进一步，求得 β 与 g 的最优解：$\beta^* = S_e + S_y + S_b$；$g_e^* = \dfrac{S_e}{\Omega}$，$g_y^* = \dfrac{S_y}{\Omega}$，$g_b^* = \dfrac{S_b}{\Omega}$。$\beta$ 是某一城市与前沿面的最大距离，由于方向向量 $(g_e,\ g_y,\ g_b)$ 不同，投影到能源消耗、GDP 和污染排放方向上的距离也是不同的。因此，在能源节约、经济增长和环境友好三个方向上，距离值与实际值之比可以分别表示为：

$$P_e = S_e/e,\quad P_y = S_y/y,\quad P_b = S_b/b \tag{5.8}$$

进一步，用 1 减去三个方向上距离值与实际值之比，即为资源型城市的能源效率、产出效率和环境效率[179]，可表示为：

$$TFEE = 1 - S_e/e = 1 - P_e \tag{5.9}$$

$$TFYE = 1 - S_y/y = 1 - P_y \tag{5.10}$$

$$TFBE = 1 - S_b/b = 1 - P_b \tag{5.11}$$

其中，$TFEE$ 为能源效率，$TFYE$ 为产出效率，$TFBE$ 为环境效率。

5.3 资源型城市产业转型效率的测算结果

5.3.1 变量选择与数据来源

首先，要明确城市样本的选取范围。国务院在2011年批准撤销了安徽省巢湖市，同时升级贵州省的毕节和铜仁为地级市，2012年在海南省建立地级三沙市。由于本书的研究时间跨度为2003—2018年，为了统一口径，剔除了巢湖市、毕节市、铜仁市和三沙市。另外，还剔除了数据严重缺失的普洱市、拉萨市以及与其他城市数据差异较大的海口市、三亚市[174]。此外，为了统一城市级别和体量，本书还剔除了北京、天津、上海和重庆四个直辖市。这样，以除北京、天津、上海、重庆、巢湖、毕节、铜仁、普洱、海口、三亚、三沙和拉萨之外的278个城市（包括114个资源型城市和164个非资源型城市）作为样本总体。

其次，要确定投入产出数据的来源。本书在投入要素方面除了劳动和资本投入之外，特别选取了能源投入量，以考察各城市对能源的利用效率。在产出方面，选取污染排放指标作为非期望产出，以GDP作为期望产出[174]。变量选择过程具体如下：

劳动投入：选择各城市职工平均在岗人数作为劳动投入。

资本投入：选择固定资产投资作为资本投入，并采用以往文献中较为常用的永续盘存法估算实际资本存量，其公式为：

$$K_{it} = (1 - \delta_{it})K_{i,t-1} + E_{it} \tag{5.12}$$

其中，K_{it}表示i城市第t期的资本存量，$K_{i,t-1}$表示i城市第$t-1$期的资本存量，E_{it}表示i城市第t期的固定资产投资额，δ_{it}表示i城市第t期的固定资产折旧率。关于初始资本存量的确定，本书参考已有文献的方法[158]，用2003年的固定资产投资总额除以10%作为基期资本存量。关于资产折旧率的确定，本书选取5%作为资产折旧率。鉴于城市统计年鉴中没有细分各城市固定资产价格指数，本书采用《中国统计年鉴》中各省历年的固定资产价格指数代替各城市的固定资产价格指数对各城市固定资产投资额进行平减。

能源投入：在以往关于城市生产率的研究中，许多学者选取用电量作为能源投入的指标[159-161]。一方面，由于电力需求的GDP弹性与能源需求的GDP弹性非常接近，说明电力成为我国能源消费的主要形式[162]；另一方面，煤炭和石油供需在我国能源生产和消费总量中被明显低估，相比之下，由计算机直接读出的电力消费量数据更加准确[162]。因此，本书选取工业用电量作为能源投入的衡量指标。

期望产出：以实际GDP作为期望产出。本书用历年GDP平减指数对名义GDP进行平减得到实际GDP来衡量是否实现经济增长的转型目标。

非期望产出：工业生产过程中的非期望产出包括大气污染、水污染、固体废弃物污染、土地污染、重金属污染等。由于土地污染和重金属污染等缺乏数据而难以量化，本书选用工业废水、工业二氧化硫和工业烟尘三种污染排放物的排放量作为非期望产出[174]。但在DEA分析框架下，纳入多种污染物作为多种非期望产出，会呈现出非常低的收敛速度进而存在一定程度的不可操作性，难以衡量在环境友好方向上的环境效率。因此，本书利用熵值法将"工业三废"进行无量纲化处理，分别计算出各个年份每种污染物的权重系数，并根据各年之间三种污染物的数值比例，得到以2003年为基期，历年各城市可比量的综合污染排放指数[181]。

由于各地级市废水、废气与固体废物的排放量存在较大差异，且废水、废气与固体废物的性质和单位均不同，因此不能简单地对三种污染排放物进行加总。借鉴以往文献，本书对三种污染物通过标准化处理去掉不同的单位，通过计算各污染物的熵值和差异性系数分别得到三种污染物的权重，最后根据权重进行加总。首先，对废水、废气和固体废物进行无量纲化处理，计算出各个地级市某种污染物的排放量与总排放量的比值，即无量纲的值。然后分别计算三种污染物的熵值，并由熵值计算出各污染物的差异性系数，熵值越小，差异性系数越大，即该污染物在整体评价中起到的作用越大[181]，表明该地级市的污染排放主要来自该污染物。最后，根据差异性系数计算各个污染物的客观权重大小，并进一步加权计算出综合污染指数，该值越大，表明该地级市的污染排放量越大，对环境的污染程度越高。

通过计算得到2003—2018年我国各地级市的废水、废气与固体废物的权重。由图5.1可见，废气的权重最低，均值为23%，且存在先下降后上升的趋势。废水的权重均值为37%，在2003—2009年呈上升趋势，经历反复波动后从2015年开始再次上升。固体废物的权重均值为39%，2003—2010年一直在30%上下波动，2011年陡增至64%，之后呈现波浪式的变化趋势。

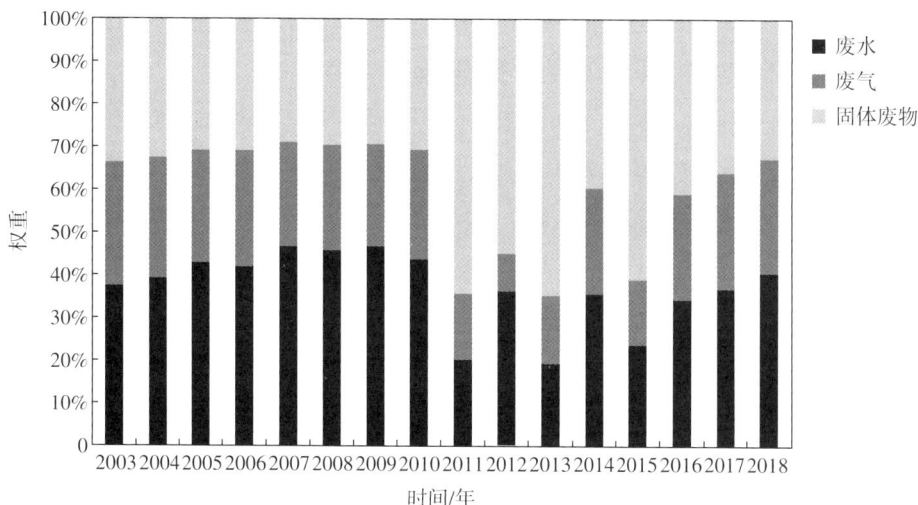

图5.1　废水、废气与固体废物的权重

最终，通过投入和产出变量的选择与处理，得到测算样本数据，包括278个地级市（包括114个资源型城市和164个非资源型城市）2003—2018年的资本要素投入、劳动要素投入、能源要素投入、实际GDP以及环境污染综合指数。数据来源于2003—2018年的《中国统计年鉴》和《中国城市统计年鉴》，各主要变量的描述性统计结果见表5.1。

表5.1　样本数据的描述性统计

变量名称	符号	指标选择	样本数	平均值	标准差	最小值	最大值
劳动投入	l	在岗人员平均数	4448	4232.14	5520.58	22.21	42212.70
资本投入	k	资本存量	4448	24.08	36.53	0.77	469
能源投入	e	工业用电量	4448	69.00	100.03	0.22	912.06
期望产出	y	实际GDP	4448	520.18	977.30	5.16	13039.02
非期望产出	b	污染指数	4448	35.97	56.91	0.56	2507.08

5.3.2　转型效率的测算结果

本书使用MATLAB软件进行编程和运算，分别在（1/9，1/9，1/9，1/3，1/3）

和（0，0，1/3，1/3，1/3）的权重设定下，测算了我国各地级市2003—2018年的转型效率，比较分析了资源型城市和非资源型城市转型效率的差异和区间特征。进一步，按照成长阶段、地理区域和主导资源将资源型城市分组并讨论了转型效率的差异和趋势特征。

（1）资源型城市与非资源型城市比较分析

基于模型（5.4），本书分别设定不同的外生权重，通过MATLAB软件进行编程和运算，分别测算出在两种不同外生权重下278个地级市（包括114个资源型城市和164个非资源型城市）2003—2018年的转型效率值。第一种设定外生权重$\alpha = (\alpha_1, \alpha_2, \alpha_3, \alpha_4, \alpha_5) = (1/9, 1/9, 1/9, 1/3, 1/3)$，即测算转型效率时考虑资本、劳动和能源要素投入及产出要素，认为要素投入与期望产出和非期望产出同样重要，每种要素各占1/3比重，由于投入要素共有三种，因此每种投入要素的比重为1/9。第二种设定权重$\alpha = (\alpha_1, \alpha_2, \alpha_3, \alpha_4, \alpha_5) = (0, 0, 1/3, 1/3, 1/3)$，重点考察能源投入、经济产出和环境产出效率，不考虑资本和劳动要素投入。本书将两类城市的两种效率值的各年均值绘成折线图（如图5.2），以比较资源型城市（RC）与非资源型城市（NRC）在两种效率水平上的差异。

图5.2（a）显示了设定外生权重$\alpha = (\alpha_1, \alpha_2, \alpha_3, \alpha_4, \alpha_5) = (1/9, 1/9, 1/9, 1/3, 1/3)$的条件下我国各地级市2003—2018年的转型效率均值。总体来说，从生产率分布的位置来看，资源型城市的转型效率主要集中在0.4～0.5，明显低于非资源型城市的转型效率水平（0.5～0.6），说明资源型城市在转型效率上与非资源型城市相比存在一定的差距。从变动趋势上看，资源型城市和非资源型城市历年的走势较为一致，在2003—2010年和2014—2015年两个时期，资源型城市和非资源型城市的转型效率都有所提升；在2010—2014和2015—2018年则出现了明显的下滑[174]。

图5.2（b）显示了设定外生权重$\alpha = (\alpha_1, \alpha_2, \alpha_3, \alpha_4, \alpha_5) = (0, 0, 1/3, 1/3, 1/3)$的条件下我国各地级市2003—2018年的转型效率。总体来说，从生产率分布的位置来看，资源型城市的转型效率主要集中在0.3～0.5，明显低于非资源型城市的转型效率水平（0.5～0.6），说明在增加能源投入权重的情况下，资源型城市在转型效率上仍然与非资源型城市存在一定的差距。从变动趋势上看，资源型城市和非资源型城市历年的走势较为一致，在2003—2010年

和2014—2015年两个时期，资源型城市和非资源型城市的转型效率都有所提升；在2010—2014年则出现了明显的下滑[174]。

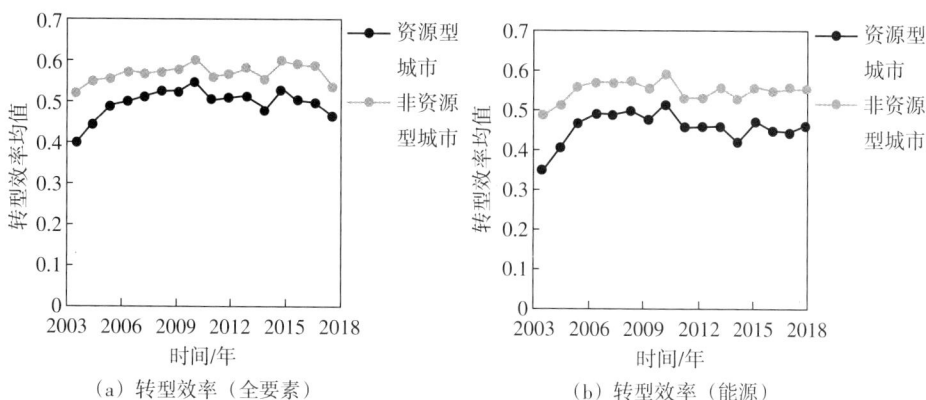

（a）转型效率（全要素）　　（b）转型效率（能源）

图5.2　资源型城市与非资源型城市转型效率比较

比较而言，无论是资源型城市还是非资源型城市，只考虑能源投入的转型效率均值均明显低于同时考虑资本、劳动和能源的转型效率均值。在只考虑能源投入的转型效率上，资源型城市与非资源型城市的效率水平差距更为明显，说明只考虑能源投入时，资源型城市的效率更低，体现了资源型城市虽然资源禀赋条件具有优势，但并没有形成更多的经济产出，反而由于依赖资源产业造成非期望产出增加，使其转型效率与非资源型城市产生更大的差距。因此，本书在以下的比较分析中以只考虑能源投入的转型效率为例进行说明。

为进一步探究资源型城市和非资源型城市转型效率分布的差异，本书分别将两类城市按照转型效率水平划分为高、中、低三个区间来分析区间特征。其中，0.70～1.00为高效区，0.30～0.70为中效区，0.30以下为低效区，如图5.3所示。比较而言，历年分布在转型高效区的资源型城市比例明显小于非资源型城市，而分布在转型低效区的资源型城市比例远远大于非资源型城市。具体来看，历年来我国80%以上的资源型城市集中在中效区和低效区，尤其是在2003年的占比高达91%，说明考虑能源和环境因素下我国资源型城市转型效率普遍不高，未来转型升级的空间巨大。另外，资源型城市三个效率区间随时间呈波浪式变动，反映出转型发展存在反复，未呈现出稳步上升的趋势。

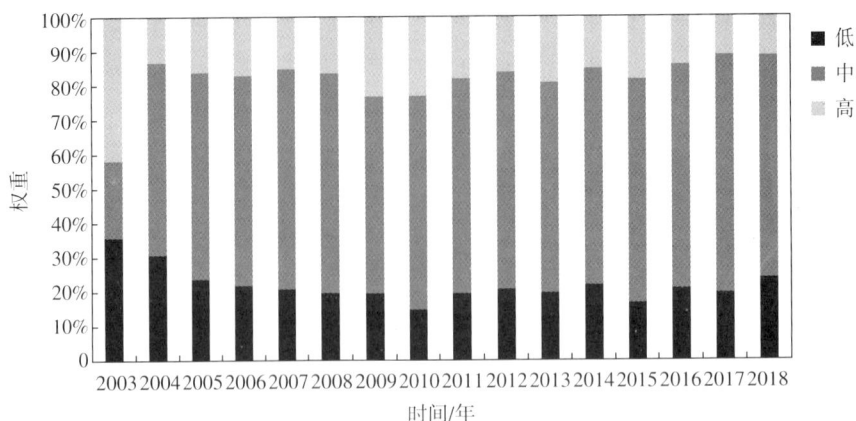

（a）资源型城市

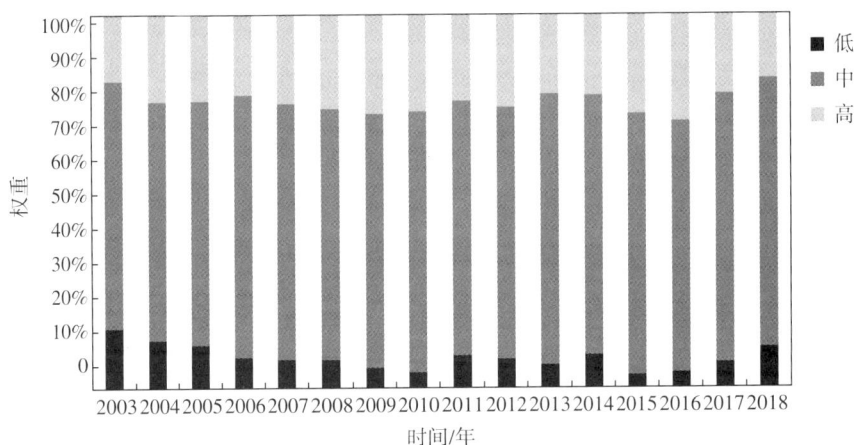

（b）非资源型城市

图5.3　资源型城市与非资源型城市转型效率区间分布

（2）不同成长阶段资源型城市转型效率比较分析

本书根据2013年11月国务院发布的《全国资源型城市可持续发展规划（2013—2020年）》，按照资源保障能力和可持续发展能力差异，将样本中114个资源型城市划分为成长型资源型城市（14个）、成熟型资源型城市（62个）、衰退型资源型城市（23个）、再生型资源型城市（15个），进而分析四种资源型城市转型效率的特征和变化趋势（见图5.4）。

从均值上看，成长型资源型城市的转型效率最高（0.61），其次是再生型资源型城市（0.47），衰退型和成熟型资源型城市转型效率较低，分别为0.45和0.42。从变化趋势看，成长型、再生型和成熟型资源型城市的变化趋势较为类似，表明不同成长阶段的资源型城市并未呈现出较为稳定的变化趋势，转型升级没有达到显著的成效。而衰退型资源型城市在2003—2010年转型效率提升速度较快，此后呈小幅下降趋势。

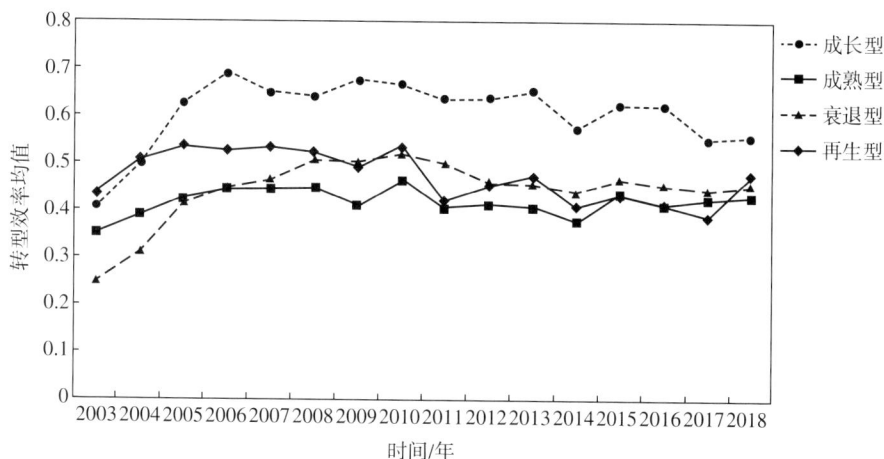

图5.4 按成长阶段分组的资源型城市转型效率比较

（3）不同地理区域资源型城市转型效率比较分析

我国资源型城市分布较广，不同地区的资源型城市有着各自的发展历史和特点。根据国务院对我国地理区域分布的划分方法，本书将114个资源型城市按照省份分为东部（20个）、中部（37个）、西部（33个）和东北部（24个），考察不同地理区域资源型城市转型效率的特点和差异（见图5.5）。

从均值上看，四组区域的转型效率均值不高，东北部和西部地区资源型城市转型效率有较为明显的提升，东部和中部地区资源型城市转型效率未实现明显的提升。西部地区资源型城市转型效率水平最高（0.55），其次为东北部（0.51）和东部（0.40），中部地区资源型城市转型效率水平最低（0.36）。从变动趋势上看，四组区域的曲线波动基本一致，分别在2010年和2014年出现了明显的拐点：2008—2010年，所有地区的转型效率表现为上升趋势，东北部、中部和西部上升较为明显，而东部上升幅度较小，西部地区资源型城市转型效率一直处于领先，东北部次之，东部第三，中部垫底；2010—2014年，转型效率呈现出明显的下降态势，中部和东北部地区资源型城市转型效率下降幅度较大；2014—2018年，四组地区的转型效率明显提升，其中东部和西部提升幅度较大。

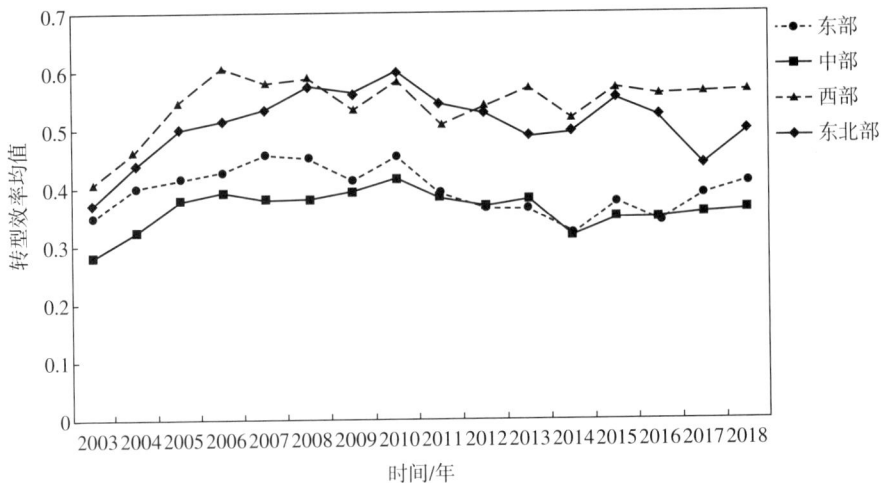

图5.5 按地理区域分组的资源型城市转型效率比较

（4）不同主导资源的资源型城市转型效率比较分析

本书根据各资源型城市的主导资源类型将114个资源型城市分为煤炭类（41个）、非金属类（10个）、金属类（18个）、油气类（11个）、综合类（29个）和森工类（5个），以进一步深入探讨主导资源的属性和特征对资源型城市转型效率的影响。

由图5.6可见，转型效率均值超过0.5的只有森工类（0.62）、油气类（0.60）和非金属类（0.58），其他三类都位于0.3～0.5区间，整体水平都处在中效区，有待进一步提升。转型效率均值排名最高的森工类是排名最低的金属

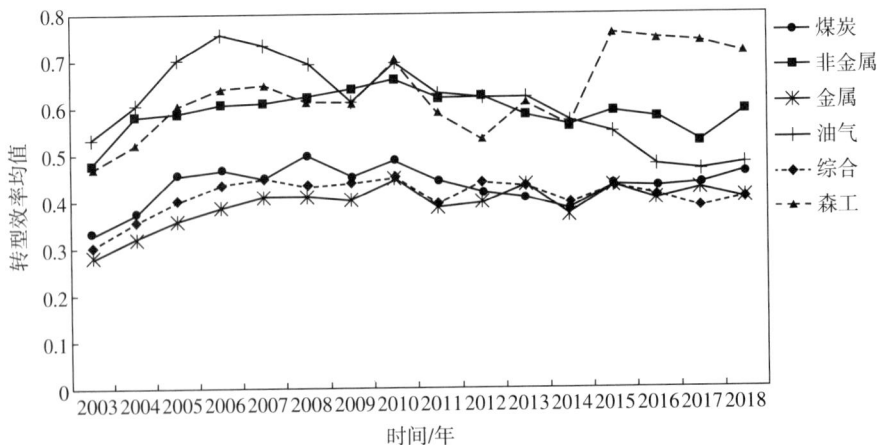

图5.6 按主导资源分组的资源型城市转型效率比较

类的1.5倍。从变动趋势上看，不同主导资源的资源型城市转型效率呈波浪式变动，且波动方向基本一致，除了森工类和油气类资源型城市转型效率波动较大外，其他四类波动较为平缓。

5.3.3 资源型城市转型效率分解及比较

（1）资源型城市与非资源型城市比较分析

基于模型（5.8）至（5.10），本书分别对114个资源型城市和164个非资源型城市的转型效率进行分解，进一步得到各资源型城市和非资源型城市2003—2018年在能源消耗、经济增长和环境友好三个维度的效率，即能源效率、产出效率和环境效率。

由图5.7可见，从均值看，资源型城市的能源效率、产出效率和环境效率的均值分别为0.62，0.42，0.33，均小于非资源型城市的能源效率、产出效率和环境效率（0.71，0.55，0.38），说明资源型城市在能源节约、经济增长和环境友好三个方向上均与非资源型城市存在一定的差距，尤其在经济增长方向上的差距最大。同时，也可以看出无论是资源型城市还是非资源型城市，在三个方面的效率中，能源效率相对较高，而环境效率相对较低。从变动趋势上看，资源型城市和非资源型城市的能源效率、产出效率和环境效率历年的走势较为一致。资源型城市在经济效率上的波动较大，反映出资源型城市并没有形成经济的稳定增长。此外，资源型城市的能源效率和经济效率在近几年呈现明显的上升趋势，说明资源型城市的转型升级取得了一定成效，但环境效率没有得到提升，反而有所下降。

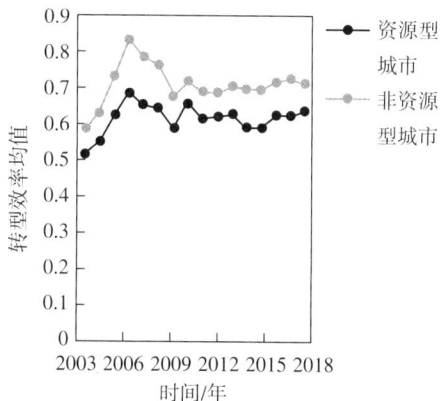

（a）能源效率

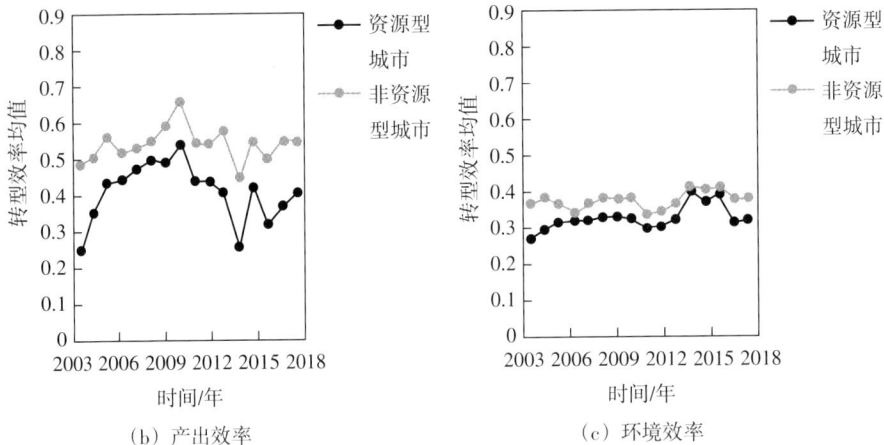

（b）产出效率 （c）环境效率

图5.7 资源型城市与非资源型城市能源效率、产出效率和环境效率比较

（2）不同成长阶段资源型城市比较分析

为了更好地比较不同成长阶段资源型城市在能源节约、经济增长和环境友好三个维度的效率，本书按照不同成长阶段将资源型城市分为成长型、成熟型、衰退型以及再生型，分别考察四类处于不同成长阶段的资源型城市在能源、经济产出和环境三个方面的表现。

从表5.2可知，能源效率方面，成长型资源型城市的效率均值最大（0.75），衰退型和再生型资源型城市的效率均值最小（0.58）。产出效率方面，成长型和再生型资源型城市的效率均值较大，分别为0.58和0.52；而成熟型和衰退型资源型城市的效率均值较小，分别为0.35和0.44。环境效率方面，成长型资源型城市的效率均值明显大于其他三类资源型城市，达到0.50，而其他三类的效率均值都在0.30左右。从变动趋势上看，能源效率、产出效率和环境效率的均值呈现波浪式的变动趋势，说明资源型城市三种效率的变化均不稳定。

总体而言，成长型资源型城市由于资源开采初期资源储量充裕，因此资源利用和转化资源初级产品的效率较高；同时由于环境还未受资源开采的影响，因此环境效率也较高。成熟型资源型城市资源开采达到一定规模，但由于过度依赖资源产业，能源投入的扩张已无法带来经济的增长，产出效率和能源效率开始下降，同时伴随严重的环境污染问题。而衰退型资源型城市由于资源趋于枯竭，接续替代产业的发展时日尚短，能源、产出和环境的问题都较为严重，因此三个效率值水平较低。再生型资源型城市的接续替代产业发展较好，经济增长较快，但有些资源产业还未完全退出，污染排放问题还没有得到明显的缓解，因此呈现出产出效率较高、环境效率较低的情况。

表5.2 按成长阶段分组的资源型城市能源、产出和环境效率均值及变化趋势

城市类型	转型效率	2003年	2018年	均值	排名	变化
成长型	能源效率	0.61	0.76	0.75	1	0.15
	产出效率	0.27	0.52	0.58	1	0.25
	环境效率	0.35	0.39	0.50	1	0.04
成熟型	能源效率	0.54	0.64	0.61	2	0.10
	产出效率	0.27	0.35	0.35	4	0.08
	环境效率	0.25	0.31	0.31	4	0.06
衰退型	能源效率	0.38	0.63	0.58	3	0.25
	产出效率	0.07	0.44	0.44	3	0.37
	环境效率	0.30	0.30	0.30	2	0.00
再生型	能源效率	0.53	0.52	0.58	3	−0.01
	产出效率	0.49	0.55	0.52	2	0.06
	环境效率	0.29	0.35	0.37	2	0.06

（3）不同地理区域资源型城市比较分析

为了更好地比较不同地理区域资源型城市在能源节约、经济增长和环境友好三个维度上的效率，本书按照不同地理区域将资源型城市分为东部、中部、西部以及东北部，分别考察位于不同地理区域的资源型城市在能源、经济产出和环境三个方面的表现。

从表5.3可以看出，东部地区和东北部地区资源型城市的能源效率较高，能源效率均值分别为0.58和0.52，中部地区资源型城市的能源效率最低，仅为0.35。东北部地区和西部地区资源型城市的产出效率相对较高，分别为0.53和0.50，而中部地区资源型城市的产出效率最低，仅为0.26。西部地区资源型城市的环境效率较高（0.45），其他三个地区资源型城市的环境效率较低。

从变化趋势上看，2003—2018年，西部地区资源型城市的能源效率和产出效率提升的幅度最大，分别提升了约5倍和1倍，说明西部地区资源型城市能源浪费的问题得到显著改善，GDP实现了较快增长。东部地区资源型城市的能源利用效率提升了将近1倍，而经济和环境问题并没有明显改善。东北部地

区资源型城市的产出效率得到提升，而中部地区资源型城市三个方面的效率均
没有显著改善。

表5.3 按地理区域分组的资源型城市能源、产出和环境效率均值及变化趋势

城市类型	转型效率	2003年	2018年	均值	排名	变化
东部	能源效率	0.27	0.52	0.58	1	0.25
	产出效率	0.34	0.48	0.42	3	0.14
	环境效率	0.23	0.23	0.25	3	0.00
中部	能源效率	0.27	0.35	0.35	4	0.08
	产出效率	0.15	0.24	0.26	4	0.09
	环境效率	0.23	0.24	0.24	4	0.01
西部	能源效率	0.07	0.44	0.44	3	0.37
	产出效率	0.30	0.54	0.50	2	0.24
	环境效率	0.35	0.42	0.45	1	0.07
东北部	能源效率	0.49	0.55	0.52	2	0.06
	产出效率	0.29	0.46	0.53	2	0.17
	环境效率	0.30	0.39	0.37	2	0.09

（4）不同主导资源的资源型城市比较分析

为了更好地比较不同主导资源的资源型城市在能源节约、经济增长和环境
友好三个维度的效率，本书按照不同主导资源将资源型城市分为煤炭、金属、
非金属、油气、综合以及森工六大类，分别考察拥有不同主导资源的资源型城
市在能源、经济产出和环境三个方面的转型效率。

根据表5.4的结果，能源效率均值最大的为油气类和森工类资源型城市，
效率均值均为0.74；而能源效率均值最小的为金属类，效率均值仅为0.53。产
出效率均值排名前三位的分别为非金属类、森工类和油气类资源型城市，均值
分别为0.65，0.62，0.58；排名后三位的分别为金属类、综合类和煤炭类，均
值分别为0.39，0.36，0.35。环境效率排名前三位的分别为森工类、油气类和
非金属类资源型城市，均值分别为0.50，0.48，0.44；排名后三位的分别为煤
炭类、综合类和金属类，均值分别为0.31，0.29，0.25。从均值上看，金属
类、综合类和煤炭类资源型城市在三种效率上的水平均排名后三位，说明这三
类资源型城市在能源节约、经济增长和环境友好三个维度上与前沿面的差距较

大，转型效果不佳。

从变化趋势上看，2003—2018年，能源效率提升幅度最大的为森工类和煤炭类资源型城市，分别提升了44%和37%；而油气类资源型城市的能源效率下降了12%。金属类资源型城市的产出效率得到大幅度提升，提升了1.5倍；油气类资源型城市的产出效率变化幅度最小。环境效率得到大幅提升的为森工类资源型城市；而油气类资源型城市的环境效率有所下降，污染排放问题有所恶化。

表5.4 按主导资源分组的资源型城市能源、产出和环境效率均值及变化趋势

城市类型	转型效率	2003	2018	均值	排名	变化
煤炭类	能源效率	0.49	0.67	0.62	4	0.18
	产出效率	0.23	0.36	0.35	6	0.13
	环境效率	0.26	0.33	0.31	4	0.07
非金属类	能源效率	0.61	0.67	0.66	3	0.06
	产出效率	0.43	0.64	0.65	1	0.21
	环境效率	0.37	0.45	0.44	3	0.08
金属类	能源效率	0.45	0.60	0.53	6	0.15
	产出效率	0.14	0.35	0.39	4	0.21
	环境效率	0.25	0.25	0.25	6	0
油气类	能源效率	0.74	0.65	0.74	1	−0.09
	产出效率	0.41	0.44	0.58	3	0.03
	环境效率	0.43	0.34	0.48	2	−0.09
综合类	能源效率	0.45	0.54	0.57	5	0.09
	产出效率	0.24	0.41	0.36	5	0.17
	环境效率	0.20	0.26	0.29	5	0.06
森工类	能源效率	0.64	0.92	0.74	1	0.28
	产出效率	0.34	0.62	0.62	2	0.28
	环境效率	0.42	0.59	0.50	1	0.17

5.4 本章小结

本章基于中国地级市2003—2018年的数据对资源型城市和非资源型城市

的转型效率进行测算并比较。通过设定不同的外生权重，得到考虑全要素的转型效率以及只考虑能源要素的转型效率。通过比较分析，资源型城市的两种转型效率均低于非资源型城市，且二者保持相同的变化趋势。无论是资源型城市还是非资源型城市，只考虑能源要素的转型效率水平更低。进一步，本章根据转型效率的三个维度对资源型城市的转型效率进行分解，发现我国资源型城市的能源效率、产出效率和环境效率各不相同，不同成长阶段、地理区域以及主导资源的资源型城市在能源节约、经济增长和环境友好三个维度的转型效率也存在差异。

6 资源型城市要素错配影响产业转型的实证检验

基于对资源型城市产业转型效率的测算，本章将实证检验要素错配对资源型城市产业转型的影响，通过内生性问题的解决、稳健性和异质性检验，保证研究结论的可靠性。

6.1 实证研究设计

6.1.1 计量模型构建

本章的基本回归方程设定如下：

$$\text{tran}f_{it} = \beta + \alpha_1 \text{Dis}K_{it} + \alpha_2 \text{Dis}L_{it} + \alpha_3 \text{Dis}E_{it} + \alpha_4 X_{it} + \mu_i + \nu_t + \varepsilon_{it} \tag{6.1}$$

$$\text{tran}f_{it} = \beta + \alpha_1 \text{Dis}c_{it} - \text{Dirce}t_{it} + \alpha_4 X_{it} + \mu_i + \nu_t + \varepsilon_{it} \tag{6.2}$$

$$\text{tran}f_{it} = \beta + \alpha_1 \text{Dis}K_{it} + \alpha_2 \text{Dis}L_{it} + \alpha_3 \text{Dis}E_{it} + \gamma_1 \text{tran}f_{it-1} +$$
$$\gamma_2 \text{tran}f_{it-2} + \alpha_4 X_{it} + \mu_i + \nu_t + \varepsilon_{it} \tag{6.3}$$

方程（6.1）中，$\text{tran}f_{it}$ 表示资源型城市的转型效率；$\text{Dis}K_{it}$，$\text{Dis}L_{it}$，$\text{Dis}E_{it}$ 代表要素错配程度，分别为资源型城市 i 在 t 年的资本、劳动和能源的错配程度；X_{it} 是控制变量集合，包括城市的对外开放、汽车保有量、政府干预程度、产业结构以及研发投入水平等变量；μ_i 和 ν_t 分别表示城市固定效应和年份固定效应，i 表示城市，t 表示年份。α_1，α_2，α_3 是本书的关注重点，刻画了要素错配程度对资源型城市转型效率的影响。若其显著为负，则说明要素错配程度的提高阻碍了资源型城市的转型；反之，则说明提高要素错配程度有利于资源型城市的转型。为了进一步考察要素错配方向对资源型城市转型效率的影响，回归方程（6.2）中引入要素错配程度与要素错配方向的交互项，其中

Dircet$_{it}$ 表示资源型城市 i 在 t 年某一要素的错配方向，Disc$_{it}$ 表示某一种要素的错配程度。回归方程（6.3）中的解释变量纳入了城市转型效率的滞后一期项和滞后二期项，采用与方程（6.1）及方程（6.2）回归方法不同的动态面板模型进行回归估计以缓解内生性问题。

6.1.2 变量选择与定义

本书的被解释变量是资源型城市的转型效率，具体数值根据第5章所介绍的DDF方法计算得到，在两种权重（1/9，1/9，1/9，1/3，1/3）和（0，0，1/3，1/3，1/3）设定下分别得到两种转型效率 tranf 和 trane。在测算转型效率（tranf 和 trane）的基础上，将其进一步分解，即在能源效率（e）、产出效率（y）和环境效率（env）三个方面分别考察资源型城市是如何受要素错配影响的。

本书的核心解释变量是资源型城市的要素错配程度，具体为三种指标：misk，misl，mise，分别表示资本要素错配程度、劳动要素错配程度和能源要素错配程度。本部分依据第3章测算的要素错配系数，将其减1再取绝对值即可得到要素错配程度。要素错配方向为虚拟变量，三种要素错配方向对应的指标为dk，dl，de，将要素错配系数与1比较以得到具体的要素错配方向：系数小于1为要素配置不足，分别记为dk1，dl1，de1；系数大于1为要素配置过度，分别记为dk2，dl2，de2。

为了控制其他因素对城市转型效率的影响，借鉴已有的理论和文献，主要控制变量设置如下：

政府干预（dis）：地方政府可以影响环境保护等公共产品的供给，并通过财政手段在一定程度上影响城市经济结构的变动。本书采用扣除教育和科学事业支出后的财政支出与地区生产总值的比值来衡量政府干预程度。

贸易依存（trade）：对外贸易有助于促进城市的经济增长，因此采用进出口贸易总额与城市的地区生产总值的比值作为代理变量。

汽车保有量（car）：城市中日益增多的汽车会产生大量尾气，成为空气的重要污染源之一，也消耗大量的石油资源，对城市环保和能耗产生直接影响。本书直接使用各个城市的民用汽车保有量来刻画该变量。

产业结构（ind）：在三次产业结构中，资源型城市的工业尤其是采矿业往往会被优先发展，这在为资源型城市带来经济增长的同时也不可避免地消耗大量能源、产生大量污染，因此资源型城市的转型离不开产业结构的调整升级。本书使用采矿业就业人数与劳动力就业人数的比值作为产业结构的代理变量。

研发投入（rd）：研发投入高的城市往往创新能力更强，由此产生的科技进步能带来更高效环保的技术，进而促进资源型城市顺利地转型升级。本书以科学研究、技术服务和地质勘查业就业人数与劳动力就业人数的比值来衡量研发投入。

6.1.3 数据来源与处理

（1）原始数据来源

本书选用2005—2018年我国114个资源型城市的面板数据，来研究要素错配对资源型城市转型升级的影响。原始数据均来自《中国城市统计年鉴》、《中国区域经济统计年鉴》、各省市统计年鉴以及各市国民经济和社会发展统计公报。

（2）主要变量的描述性统计

由于统计偏差等原因，原始数据可能存在异常观测值，由此会影响到最终的回归结果。第4章中，在剔除异常值显著、数据缺失严重的城市后，城市样本范围缩减到了98个。为了兼顾前后分析的一致性，同时尽可能地降低信息损失，本书对要素错配程度数据进行了缩尾处理，根据要素错配程度的计算特点，选择在右侧90%分位处做离群值处理，对大于90%分位的数用90%分位的值赋值，以在保留原有数据样本量的基础上避免异常值的干扰。在处理极端值之后，本书的主要指标及其描述统计值见表6.1。

表6.1　主要变量的描述统计

变量	变量代码	样本量	均值	标准差
转型效率	tranf	1596	0.504	0.219
	trane	1596	0.466	0.238
能源效率	e	1596	0.627	0.247
产出效率	y	1596	0.433	0.413
环境效率	env	1596	0.337	0.264
资本要素错配程度	misk	1596	1.333	1.443
劳动要素错配程度	misl	1596	2.123	2.321

表 6.1（续）

变量	变量代码	样本量	均值	标准差
能源要素错配程度	mise	1596	5.749	7.864
资本要素错配方向	dk	1596	1.787	0.410
劳动要素错配方向	dl	1596	1.312	0.463
能源要素错配方向	de	1596	1.590	0.492
政府干预	dis	1596	0.246	0.155
贸易依存	trade	1596	0.013	0.023
汽车保有量/10 万辆	car	1548	2.328	2.505
产业结构	ind	1596	0.073	0.083
研发投入	rd	1596	0.008	0.024

6.2 实证结果分析

6.2.1 要素错配程度与产业转型效率

在这一部分，以2005—2018年这14年的数据为基础进行回归，表6.2给出了对两种转型效率分别作回归的估计结果。表6.2报告了要素错配程度对资源型城市两种转型效率的固定效应模型回归结果，所有列均控制了城市固定效应，（2）、（3）、（5）、（6）列回归均加入了城市层面的控制变量，（3）、（6）列控制了年份固定效应，采用双向固定效应模型。考虑到所有指标都是城市层面的，因此回归模型中均使用城市聚类效应对标准误进行修正。实证结果显示，无论是否加入控制变量，要素错配程度的系数在6个回归中均显著为负，分别通过1%和5%的显著性检验。这表明，在不考虑模型内生性存在的情况下，资源型城市要素错配程度与其转型效率显著负相关，即各要素错配程度越高，城市转型效率越低，要素错配对于资源型城市的转型存在明显的抑制作用。换言之，通过缓解要素错配程度，优化要素配置，能有效促进资源型城市转型。

表6.2 基准回归结果

	（1） tranf	（2） tranf	（3） tranf	（4） trane	（5） trane	（6） trane
misk	−0.031***	−0.036***	−0.038***	−0.036***	−0.034***	−0.033**
	(0.010)	(0.012)	(0.012)	(0.012)	(0.013)	(0.013)
misl	−0.069***	−0.066***	−0.067***	−0.072***	−0.068***	−0.069***
	(0.012)	(0.012)	(0.012)	(0.013)	(0.013)	(0.013)
mise	−0.022***	−0.025***	−0.025***	−0.028***	−0.031***	−0.032***
	(0.005)	(0.004)	(0.004)	(0.005)	(0.004)	(0.004)
dis		0.007	−0.052		−0.030	−0.040
		(0.086)	(0.102)		(0.086)	(0.095)
car		−0.000	−0.002		−0.004*	−0.004
		(0.002)	(0.003)		(0.002)	(0.003)
trade		0.184	0.141		0.243	0.160
		(0.571)	(0.550)		(0.728)	(0.714)
ind		−0.025	0.026		0.019	0.050
		(0.158)	(0.158)		(0.174)	(0.171)
rd		−0.034	−0.079		−0.044	−0.095
		(0.054)	(0.056)		(0.059)	(0.058)
_cons	0.820***	0.834***	0.807***	0.826***	0.846***	0.821***
	(0.037)	(0.041)	(0.043)	(0.039)	(0.043)	(0.044)
city	Yes	Yes	Yes	Yes	Yes	Yes
year	No	No	Yes	No	No	Yes
N	1596	1548	1548	1596	1548	1548
R^2	0.219	0.257	0.284	0.255	0.303	0.327

注：估计系数下方括号内为稳健标准误，city表示城市固定效应，year表示年份固定效应，Yes和No分别表示控制和未控制该效应，N表示样本量，*，**，***分别表示在0.1，0.05，0.01水平上显著。

在两种外生权重设定下，劳动要素错配程度对转型效率的影响都是最大的。由（3）列可知，在同时考虑资本、劳动和能源投入的转型效率上，资本错配对转型效率的影响是高于能源错配的。而第（6）列表明，在只考虑能源投入的转型效率上，能源错配对资源型城市转型的影响显著提升，与资本错配的系数十分接近，同时提升的还有劳动错配的系数，而资本错配程度的影响系数则略微下降。在经济意义上，以（3）列为例，城市的劳动要素错配程度每提高1个单位，城市的转型效率平均会下降0.067，资本错配对应下降0.038，能源错配对应下降0.025。劳动要素在资源型城市转型中扮演了更重要的角色，这可能是因为：能源要素对资源型产业更为重要而对其他行业影响较小，因此能源要素对全社会的产出影响较小而更多地产生非期望产出以影响环境，对转型效率的影响更多集中在环境方面；资源型城市产业结构不合理，同样需要大量固定投资的其他制造业先天发育不足，工业内部结构单一，因此尽管存在资源型产业资本配置过度的现象，但是由于其他制造业体量过小，服务业对资本要素需求不大，总体来看对其他行业产出的挤出相对有限，但是资源型产业资本配置过度的确对环境有明显影响；而劳动要素则对各个行业有较大的影响，服务业自然需要大量劳动力，资源型产业也不例外，例如，我国资源型城市早期的采掘业自动化水平较低，仍需雇佣大量人工进行开挖采掘，因劳动要素的配置状况会对整个城市的产出产生直接而明显的影响，同时人力资本的积累也会引起技术水平的提高，间接地影响能效和产出效率，最终又会影响到城市的产出和环境，因此，劳动要素错配对城市转型的抑制效应最为显著。这一回归结果的政策启示在于：资源型城市在谋求转型发展时，从长远看，最有效的措施还是缓解劳动要素错配，加大人力资本积累；任何政策的出台应以留住人、吸引人为核心，方能顺利实现转型。

6.2.2 要素错配方向与产业转型效率

为了探索要素错配不同方向对城市转型效率的影响，表6.3中还报告了要素错配程度与要素错配方向虚拟变量交叉项的估计结果。可以看到，引入要素错配方向异质性的设定并没有改变回归的基本结果，要素错配估计系数的方向与显著性也基本保持一致，对资源型城市转型效率的影响仍基本显著为负。只有在资本配置不足时，要素错配的估计系数不显著，可能是在这种情况下，资本要素配置不足与配置过度的样本量相差较大、配置不足的数量较少所致，由表6.1可知，资本配置方向的均值为1.787，大多数城市在大部分时间均是资本要素配置过度的状态。由表6.3（2）、（3）、（5）、（6）列可知，在两种不同权重设定的转型效率情形下，无论是劳动要素还是能源要素，配置过度估计系数的绝对值均大于配置不足的，即要素配置过度对城市转型效率的影响大于要素配置不足对转型效率的影响。总体上，要素配置方向对城市转型效率的影响与理论预期及前文实证分析结果一致，要素错配对资源型城市转型具有抑制效应的估计结果是稳健的，具有可信度。

表6.3 要素错配方向与产业转型效率的回归结果

	（1）	（2）	（3）	（4）	（5）	（6）
	tranf	tranf	tranf	trane	trane	trane
dk1	−0.104			−0.130		
	(0.144)			(0.164)		
dk2	−0.049***			−0.045***		
	(0.014)			(0.015)		
dl1		−0.061**			−0.065***	
		(0.024)			(0.024)	
dl2		−0.099***			−0.105***	
		(0.013)			(0.015)	
de1			−0.023***			−0.029***
			(0.004)			(0.004)
de2			−0.029***			−0.036***
			(0.005)			(0.005)
dis	−0.061	−0.143	−0.201*	−0.020	−0.100	−0.174
	(0.154)	(0.154)	(0.119)	(0.161)	(0.157)	(0.110)
car	−0.001	0.000	−0.003	−0.002	−0.001	−0.004
	(0.005)	(0.004)	(0.005)	(0.006)	(0.005)	(0.005)
trade	−0.147	−0.308	0.156	−0.308	−0.483	0.069
	(1.302)	(1.238)	(1.145)	(1.626)	(1.559)	(1.420)
ind	−0.093	−0.030	−0.006	−0.086	−0.023	0.014
	(0.231)	(0.216)	(0.200)	(0.264)	(0.253)	(0.215)
rd	−2.887	−2.729	−1.209	−3.449	−3.271	−1.462
	(2.682)	(2.532)	(1.890)	(2.898)	(2.746)	(1.906)
_cons	0.554***	0.662***	0.648***	0.535***	0.649***	0.659***
	(0.036)	(0.045)	(0.035)	(0.040)	(0.046)	(0.036)

表6.3（续）

	（1）	（2）	（3）	（4）	（5）	（6）
	tranf	tranf	tranf	trane	trane	trane
city	Yes	Yes	Yes	Yes	Yes	Yes
year	Yes	Yes	Yes	Yes	Yes	Yes
N	1548	1548	1548	1548	1548	1548
r2	0.064	0.097	0.218	0.066	0.103	0.276

注：估计系数下方括号内为稳健标准误，city 表示城市固定效应，year 表示年份固定效应，Yes 和 No 分别表示控制和未控制该效应，N 表示样本量，*，**，***分别表示在0.1、0.05、0.01 水平上显著。

6.2.3 内生性问题讨论及解决

资源型城市要素错配与转型效率之间可能存在反向因果关系，即转型效率较低的资源型城市为了发展，有可能加强对某一要素的依赖，进一步加剧要素错配程度；同时，尽管本书控制了一系列控制变量，模型仍可能存在遗漏变量问题或要素错配程度存在测量误差的问题，因此，基准模型内生性问题的存在使上述结论可能存在偏误。针对模型的内生性问题，本部分将采用工具变量法进行回归以保持结论的稳健性：① 采用各要素的要素错配程度滞后一期作为工具变量，进而使用两阶段最小二乘法（2SLS）进行回归估计。本书所构建的工具变量符合相关性和排他性两个基本原则：一方面，资源型城市自身上一期的要素错配程度与当期的要素错配程度存在高度相关性是显然的；另一方面，资源型城市当期的转型效率无法影响过去的要素错配程度，故要素错配程度的滞后值与误差项不相关，也满足外生性的要求。② 在采用要素错配程度的滞后值作为工具变量的基础上，本书在解释变量中纳入被解释变量城市转型效率的滞后1～2期构建动态面板模型，再利用要素错配程度滞后1～2期作为工具变量，运用系统GMM模型进行估计。在采用两阶段最小二乘法（2SLS）进行工具变量回归时所用变量和样本与基准回归中的设定保持一致。

（1）工具变量法

表6.4报告了以要素错配程度滞后一期作为工具变量的两阶段最小二乘法（2SLS）回归结果。可以看出，第一阶段的回归结果表明，不同权重转型效率下的F统计量均远大于经验值10，要素错配程度滞后一期满足工具变量的基本

要求。进一步，第二阶段回归结果显示，除（4）列资本要素错配程度回归系数在5%的水平下通过检验，系数为负，其余各要素错配程度的回归系数均在1%的显著水平下为负，这表明考虑模型内生性后，各要素错配程度越高，城市转型效率越低，缓解各要素的错配程度会有助于资源型城市的转型。同时，劳动要素错配程度的回归系数绝对值仍然是最大的，而资本要素和能源要素错配程度的回归系数比较接近，这与基准回归中的结果比较接近，回归结果较为稳健，具有可信度。

总之，在考虑要素错配和资源型城市转型之间可能存在的内生性问题后，采用工具变量法进行两阶段最小二乘法回归所得分析结论与前文一致，要素错配会显著阻碍资源型城市的转型。

表6.4 全样本2SLS回归估计结果

	（1） tranf	（2） tranf	（3） tranf	（4） trane	（5） trane	（6） trane
misk	−0.026***			−0.018**		
	(0.008)			(0.009)		
misl		−0.097***			−0.107***	
		(0.015)			(0.017)	
mise			−0.027***			−0.033***
			(0.002)			(0.002)
dis	−0.041	−0.034	−0.105**	−0.021	−0.006	−0.089*
	(0.049)	(0.047)	(0.044)	(0.054)	(0.052)	(0.047)
car	−0.002	−0.000	−0.004	−0.004	−0.002	−0.006**
	(0.003)	(0.003)	(0.003)	(0.003)	(0.003)	(0.003)
trade	−0.175	−0.144	0.329	−0.243	−0.242	0.334
	(0.273)	(0.266)	(0.250)	(0.301)	(0.293)	(0.265)
ind	−0.113	−0.035	−0.018	−0.113	−0.028	0.003
	(0.129)	(0.127)	(0.117)	(0.142)	(0.139)	(0.125)
rd	0.002	−0.120	0.029	−0.014	−0.152	0.014
	(0.133)	(0.132)	(0.121)	(0.147)	(0.146)	(0.129)
_cons	0.525***	0.703***	0.650***	0.498***	0.701***	0.662***
	(0.018)	(0.035)	(0.019)	(0.020)	(0.039)	(0.020)

表 6.4（续）

	（1）	（2）	（3）	（4）	（5）	（6）
	tranf	tranf	tranf	trane	trane	trane
Control variables	Yes	Yes	Yes	Yes	Yes	Yes
F	283.93	32.20	61.56	283.93	32.20	61.56
city	Yes	Yes	Yes	Yes	Yes	Yes
year	Yes	Yes	Yes	Yes	Yes	Yes
N	1548	1548	1548	1548	1548	1548

注：估计系数下方括号内为稳健标准误，city 表示城市固定效应，year 表示年份固定效应，Yes 和 No 分别表示控制和未控制该效应，N 表示样本量，*，**，***分别表示在 0.1，0.05，0.01 水平上显著。

（2）动态面板回归

在使用系统 GMM 模型进行估计时要求模型中的扰动项不存在自相关，但对扰动项进行差分后通常存在一阶自相关，因此，要接受扰动项无自相关这一假设，需要保证差分后的扰动项不能存在二阶自相关，而通过比较表 6.5 中 AR2 统计量 P 值的大小来判断有无二阶自相关；动态面板模型不仅需要检验扰动项的二阶自相关，还需要检验工具变量选取的合理性，因此表 6.5 中还展示了 Sargan 统计量的 P 值，可以用来判断动态面板模型中工具变量的选择是否合理。通过系统 GMM 模型的回归，具体结果如表 6.5 所示。无论是同时考虑资本、劳动和能源投入的转型效率还是只考虑能源投入的转型效率，AR2 统计量 P 值均大于 0.1，可以显著拒绝扰动项差分存在二阶自相关的假设，而 Sargan 统计量的 P 值均大于 0.2，表明模型选取的工具变量不存在过度识别，可以接受所有工具变量都有效的假设，因此系统 GMM 的估计是有效的。

表 6.5 表明，在控制了城市层面特征变量的条件下，各要素错配程度的回归系数均为负且均在 1% 的水平上显著，说明在考虑模型的内生性问题后，要素错配对城市转型效率依然有显著的负向影响，这与基准回归所得的研究结论"要素错配对于资源型城市的转型存在明显的抑制作用"保持一致。进一步与基准回归的结果进行比较，可以看出在考虑内生性后，不同要素的错配程度对资源型城市转型效率的影响力大小出现变化。在系统 GMM 模型中，在解释变量中纳入转型效率的滞后项后，各要素错配程度的回归系数均显著变小，尤其是劳动和能源要素错配程度的回归系数变动幅度较大。以表 6.5 中同时考虑资

本、劳动和能源投入的转型效率（tranf）为例，资本要素错配程度的回归系数由-0.038变化至-0.028，劳动要素错配程度的回归系数绝对值由0.067减小至0.018，能源要素错配程度的回归系数绝对值由0.025减小至0.009，这也导致资本要素错配对城市转型的负向影响变为最大。

总体来看，尽管加入新的解释变量后原有各要素错配程度的解释力下降了，但是在考虑内生性后根据模型回归结果分析所得的研究结论依然保持了稳健性。

表6.5　动态面板回归估计结果

	(1) tranf		(2) trane	
L.tranf	0.622***	(0.007)		
L2.tranf	0.110***	(0.006)		
L.trane			0.650***	(0.007)
L2.trane			0.084***	(0.003)
misk	−0.028***	(0.002)	−0.022***	(0.002)
misl	−0.018***	(0.001)	−0.010***	(0.001)
mise	−0.009***	(0.000)	−0.009***	(0.000)
_cons	0.229***	(0.010)	0.191***	(0.012)
Control variables	Yes		Yes	
N	1322		1322	
AR2(P-value)	0.1371		0.1031	
Sargan(P-value)	0.2094		0.2743	

注：① 系统 GMM 的工具变量为要素错配程度的一阶及二阶滞后值，且回归方程包括转型效率的滞后 1～2 期。② AR2 的 P 值表示检验二阶自相关而计算所得的 P 值，Sargan 的 P 值为进行工具变量过度识别检验而计算所得的 Sargan 统计量对应 P 值。

6.2.4　稳健性检验

（1）剔除再生型城市样本

本书的研究对象为资源型城市，而资源型城市的特点表现为以本地区矿产、森林等自然资源开采、加工产业为主导产业，在四类资源型城市中，再生型资源型城市基本摆脱了资源依赖，城市的主导产业和经济结构已经发生改变，城市的经济政策和城市规划可能与同类城市迥异，城市的发展模式和发展方向与传统的资源型城市也已有明显不同，因此样本中包含再生型城市可能会影响本书的回归结果。为了消除再生型城市样本带来的干扰，本书根据《全国资源型城市可持续发展规划（2013—2020年)》所列再生型城市，将样本期内所有相关城市剔除，以进一步加强回归结果的稳健性。具体剔除的城市包括：宿迁市、淄博市、唐山市、丽江市、葫芦岛市、马鞍山市、徐州市、南阳市、临沂市、鞍山市、洛阳市、盘锦市、张掖市、包头市、通化市，共计15个城市，剔除后样本城市剩余99个。以2005—2018年剩余99个资源型城市的面板数据重新进行双向固定效应的回归，回归结果报告于表6.6的（1）、（2）列。对比基准结果后发现，除（2）列的资本要素错配程度在5%置信水平下通过检验，其余要素错配程度的回归系数均在1%的统计水平下显著为负，且按照回归系数绝对值大小排序，依次为劳动要素错配程度、资本要素错配程度和能源要素错配程度，这与前文基准回归的结果一致，实证结果比较稳健。这说明要素错配会明显制约资源型城市的转型发展，并且各类资源型城市应当重视对劳动要素错配的缓解。

（2）替换被解释变量

本书在用DDF方法测算资源型城市的转型效率时，选取了实际地区生产总值作为期望产出。地区生产总值等于各产业增加值之和，是所有常驻单位在一定时期内生产活动的最终成果，以其作为期望产出能较全面地反映资源型城市的生产情况。但是资源型城市的产业发展有一定的特殊性，这些城市通常高度依赖资源的开采和加工，隶属于工业门类的资源型产业往往是城市的主导产业，因此资源型城市工业发展的好坏决定了城市的经济发展状况。在以往关于城市全要素生产率的研究中，也有学者选取工业总产值作为期望产出的指标[174]。工业总产值是以货币形式表现的工业企业在一定时期内生产的已出售或可供出售工业产品总量，反映一定时间内工业生产的总规模和总水平。为了从不同角度反映要素错配对城市转型的影响，同时减少由指标选取造成的偏误，本书借鉴孙晓华等[174]的做法，选取工业总产值替换地区生产总值作为期望产出，重新测算资源型城市的转型效率。由于相关年鉴自2017年起不再统计工业总产值这一指标，因此各城市工业生产总值的数据时间跨度为2005—2016年。在缺乏各城市工业生产者出厂价格指数的情况下，利用省工业生产者出厂价格指数作为替代对各资源型城市的工业总产值进行平减。依旧在两种权重（1/9，1/9，1/9，1/3，1/3）和（0，0，1/3，1/3，1/3）设定下，重新计算分别得到转型效率trg和treg。

表6.6　稳健性检验回归结果

	（1） tranf	（2） trane	（3） trg	（4） treg	（5） tranf	（6） trane	（7） tranfp	（8） tranepp
misk	−0.036***	−0.031**	−0.003***	−0.002***	−0.045***	−0.041***	−0.112***	−0.139***
	(0.012)	(0.012)	(0.001)	(0.000)	(0.006)	(0.007)	(0.029)	(0.038)
misl	−0.051***	−0.054***	−0.003***	−0.003***	−0.053***	−0.058***	−0.107***	−0.109***
	(0.010)	(0.010)	(0.001)	(0.001)	(0.007)	(0.007)	(0.021)	(0.024)
mise	−0.012***	−0.015***	−0.003*	−0.004**	−0.023***	−0.029***	−0.052***	−0.073***
	(0.002)	(0.002)	(0.001)	(0.002)	(0.001)	(0.002)	(0.005)	(0.007)
_cons	0.741***	0.747***	0.516***	0.446***	0.781***	0.798***	4.868***	4.469***
	(0.042)	(0.045)	(0.035)	(0.040)	(0.033)	(0.037)	(0.314)	(0.250)
Control variables	Yes	Yes	Yes	Yes	Yes	Yes	Yes	Yes
city	Yes	Yes	Yes	Yes	Yes	Yes	Yes	Yes
year	Yes	Yes	Yes	Yes	Yes	Yes	Yes	Yes
N	1338	1338	1336	1336	1548	1548	1548	1548

注：（7）、（8）列负二项回归括号中为聚类自助标准误。

以2005—2016年114个资源型城市的面板数据重新进行双向固定效应的回归，表6.6（3）、（4）列汇报了采用trg和treg为被解释变量的回归结果。可以看出，除（3）、（4）列的能源要素错配程度分别在10%和5%置信水平下通过检验，其余各要素错配程度的回归系数仍在1%的水平下显著为负，验证了城市要素错配对城市转型的抑制效应，即增加城市要素错配程度会降低城市的转型效率，表明了本书的主要结论是稳健的。比较表6.2基准回归的（3）、（6）列和表6.6的（3）、（4）列后还可以发现，替换被解释变量的回归系数绝对值要比原基准回归的小很多，这说明要素错配对城市的整体产出影响更大，而以资源型产业为代表的相关工业产业受到要素错配的影响更小，部分产业甚至可能因要素错配而成为相对受益者。

（3）使用不同的回归模型

由于转型效率的取值范围为0～1，存在大量城市转型效率为1的样本，被解释变量拥有归并数据的特征，因此本书使用Tobit模型进一步检验要素错配对城市转型的影响。另外，转型效率的高低仅由转型效率数值的大小反映，因而同比例扩大或缩小数倍数值并不会增添或减少信息，不会改变效率高低的排序，因此，当统一对转型效率乘以100取整后，得到新的被解释变量tranfp和tranep，此时的转型效率数值有了计数变量的特点，计数多则意味着效率高，可以采用计数模型进行回归。由表6.7可知，tranf和trane的均值和标准差在乘以100后基本上与tranf和trane的均值和标准差一致，同时由于被解释变量的方差和期望显然不一致，因此本书使用负二项回归模型来进行稳健性检验。以2005—2018年114个资源型城市的面板数据分别进行Tobit回归和负二项回归，两种回归模型的结果分别报告于表6.6的（5）、（6）列和（7）、（8）列。在采用不同的模型进行回归后，要素错配程度的回归系数均在1%的水平下显著为负，要素错配仍然显著地抑制了城市转型，这与基准回归结果完全一致，进一步表明了本书结果的稳健性。

表6.7　被解释变量的描述性特征

变量	样本量	均值	标准差
tranf	1596	0.5040	0.2188
tranfp	1596	50.4110	21.8752
trane	1596	0.4657	0.2379
tranep	1596	46.5789	23.7932

6.2.5　异质性检验

（1）转型效率分解

根据前文的分析，资源型城市在只考虑能源投入的转型效率上与非资源型城市的效率水平相比，差距更为明显，更能体现资源型城市经济产出较低而非期望产出较多的特征，因此本书对114个资源型城市只考虑能源投入的转型效率进行分解，进一步得到各资源型城市2005—2018年在产出增长、能源消耗和环境友好三个维度的效率，即产出效率（y）、能源效率（e）和环境效率（env）。表6.8报告了要素错配与转型效率各分解部分的回归结果。可以看出，不论是否通过显著性检验，要素错配程度的回归系数均为负值，且仅有（1）列的资本要素错配程度回归系数未通过显著性检验，可知要素错配对资源型城市的产出效率（y）、能源效率（e）和环境效率（env）均产生了显著的抑制作用。

表6.8 转型效率分解的回归结果

	(1) y	(2) e	(3) env
misk	−0.035	−0.036**	−0.029**
	(0.027)	(0.015)	(0.014)
misl	−0.109***	−0.046***	−0.053***
	(0.025)	(0.017)	(0.018)
mise	−0.040***	−0.033***	−0.022***
	(0.007)	(0.003)	(0.006)
_cons	0.921***	0.959***	0.583***
	(0.091)	(0.054)	(0.059)
Control variables	Yes	Yes	Yes
city	Yes	Yes	Yes
year	Yes	Yes	Yes
N	1548	1548	1548
r2	0.201	0.194	0.126

对于产出效率（y），资本错配与其呈现负相关的关系但并不显著，而劳动错配和能源错配在1%的置信水平下通过检验，表明劳动错配和能源错配会显著抑制城市产出效率的提升，并且劳动错配的抑制作用尤为明显，这可能是因为：能源错配对产出的影响更局限于资源型产业，其他行业对能源的依赖较小，仅需保证正常使用便可正常运转，更多占有能源也不会明显增大产出；与能源要素相反，劳动要素的错配会影响整个社会的产出，一方面资源型产业无法吸引高素质劳动者以进行人力资本积累，相关行业的产出效率无法有效提高，劳动要素的边际产量较少；另一方面相关人才会流入其他行业，尤其是金融业、公共服务业，造成劳动配置过度，最终使整个社会的产出效率下降。对于能源效率（e）和环境效率（env），各要素错配程度的回归系数均显著为负，表明要素错配会阻碍城市能源效率和环境效率的提升。在所有要素中，劳

动要素错配程度回归系数的绝对值依然是最大的，这表明劳动要素错配对城市转型的影响最大，这与基准回归的结果一致，进一步强调了缓解劳动要素错配对城市转型发展的重要性。

（2）不同地理区域

我国区域间经济发展不平衡的现象十分突出，东部、中部、西部三大区域间的经济社会发展水平差异极大，因而不同地区的资源型城市有着各自的发展历史和特点，本书将114个资源型城市按照所在省份分为东部、中部、西部和东北部，来检验要素错配对城市转型效率的差异化影响。表6.9和表6.10分别报告了分区域情况下两种转型效率的回归结果。可以看出，无论是东部地区城市、中部地区城市、东北部地区城市，还是西部地区城市，要素错配程度对城市转型效率的影响系数均为负值。其中，东部地区城市只有能源错配显著地抑制了转型效率的提升；中部城市的劳动错配和能源错配会同时制约城市的转型；西部地区城市各要素错配均会对城市的转型产生显著的负影响；对于同时考虑资本、劳动和能源的转型效率，东北部地区城市只有能源要素的错配会对城市的转型效率产生抑制作用；对于只考虑能源投入的转型效率，资本要素错配也会有明显的抑制效应。特别需要注意的是，西部地区和东北部地区，尤其是东北部地区，资本要素错配对城市转型效率的抑制作用要明显高于其他地区，而劳动要素错配程度的影响系数反倒并不显著。可能的原因在于：一方面，划分后东北部地区城市数量是最少的，过少的样本量导致估计系数不显著；另一方面，东北部资源型城市开发较早，东北作为老工业基地城市化、工业化水平较高，工业化处在相对较高阶段，并不单纯依靠采掘资源等低端产业实现城市发展，而且由于城市存在大量的国有企业，所以劳动要素的内部流动并不如东部地区频繁，不会导致各行业产出变动过大，因此劳动要素错配程度的影响系数反倒减小。

表6.9　分区域回归结果（1）

	东部 tranf	中部 tranf	西部 tranf	东北部 tranf
misk	−0.018	−0.009	−0.060*	−0.073
	(0.022)	(0.014)	(0.030)	(0.047)
misl	−0.031	−0.075***	−0.074***	−0.040

表6.9（续）

	东部	中部	西部	东北部
	tranf	tranf	tranf	tranf
	（0.022）	（0.025）	（0.016）	（0.040）
mise	−0.019***	−0.015***	−0.030***	−0.027***
	（0.003）	（0.004）	（0.005）	（0.007）
_cons	0.633***	0.640***	0.978***	0.861***
	（0.056）	（0.070）	（0.079）	（0.117）
Control ariables	Yes	Yes	Yes	Yes
city	Yes	Yes	Yes	Yes
year	Yes	Yes	Yes	Yes
N	272	518	495	263
r2	0.332	0.252	0.408	0.340

表6.10 分区域回归结果（2）

	东部	中部	西部	东北部
	trane	trane	trane	trane
misk	−0.011	−0.003	−0.057*	−0.081*
	（0.022）	（0.016）	（0.029）	（0.047）
misl	−0.032	−0.072**	−0.072***	−0.042
	（0.023）	（0.027）	（0.016）	（0.044）
mise	−0.026***	−0.022***	−0.035***	−0.034***
	（0.003）	（0.006）	（0.005）	（0.008）
_cons	0.631***	0.625***	0.994***	0.875***
	（0.055）	（0.079）	（0.078）	（0.122）
Control variables	Yes	Yes	Yes	Yes
city	Yes	Yes	Yes	Yes
year	Yes	Yes	Yes	Yes
N	272	518	495	263
r2	0.430	0.263	0.448	0.401

6.3 本章小结

本章基于我国114个资源型城市2005—2018年的面板数据来研究要素错配对资源型城市产业转型升级的影响。采用固定效应模型得到基准回归,发现资源型城市要素错配程度与转型效率呈现出显著的负相关关系,无论是要素配置过度还是配置不足,要素错配对于资源型城市的产业转型均存在明显的抑制作用。为缓解内生性,通过工具变量进行两阶段最小二乘法(2SLS)回归和系统GMM方法进行动态面板回归,所得分析结论与前文保持一致,确保了回归结果的可信度。然后采用剔除再生型城市样本、替换被解释变量、使用不同的回归模型等三种方式检验了实证结果的稳健性。最后,对资源型城市的转型效率进行分解,要素错配对产出效率、能源效率和环境效率的影响基本与基准回归的结果一致,强调了缓解劳动要素错配对城市转型的重要性;同时按地理区域对资源型城市进行了划分,证实了区域的异质性会使要素错配对转型效率的影响产生差异。

7 结 论

7.1 研究结论

近年来，面临"资源诅咒"的困境，我国资源型城市的转型升级已经成为关注和讨论的热点问题。在供给侧结构性改革的背景下，本书从要素错配的全新视角，探讨了资源型城市陷入产业转型困境的内在原因。在此基础上，本书重点研究了三个主要问题。一是对传统要素错配测算模型进行了改进，科学识别资源型城市劳动、资本和能源要素错配的程度和方向；二是梳理了要素错配在产出增长、能源消耗和环境保护等方面影响资源型城市转型的作用机理；三是实证检验了要素错配对资源型城市产业转型的影响。得到以下主要结论：

① 基于传统要素错配测算模型，将行业层面扩展到地区层面，同时将能源要素投入纳入生产函数中，提出要素价格相对扭曲系数，构建了城市层面的要素错配测算模型，并进一步识别了资源型城市与非资源型城市在要素错配程度和错配方向上的特征和变化趋势，以及不同类型资源型城市在要素错配程度和错配方向上的差异。结果发现，我国资源型城市在资本、劳动和能源三个要素上均存在不同程度的错配。错配方向呈现出资本和能源配置过度、劳动配置不足的特征。错配程度和方向因资源型城市的不同成长阶段、地理区域和主导资源而存在异质性。

② 基于柯布－道格拉斯生产函数构建了旨在分析要素错配对产业转型影响的理论分析框架，并总结出要素错配影响产业转型的具体机制：要素错配会通过降低全要素生产率来减小实际产出以影响经济效率的提升；要素错配通过抑制产业结构优化升级来影响资源型城市转型，在形成发展模式锁定的同时，间接加重环境问题；要素错配会抑制企业研发投入来影响能源效率的提升，进而间接加剧环境污染。在总的理论框架下，具体要素错配影响资源型城市产业转

型的作用机理为：行业间的资本错配通过抑制产业结构的转型升级降低资源型城市的产出效率和环境效率；行业间的劳动错配使城市实际产出偏离最优配置下的产出，降低转型效率；企业间的能源错配通过鼓励企业使用能源对技术进行替代降低了能源效率和环境效率，而能源在产业间的错配会挤占替代产业发展所需要素，抑制城市产业结构升级，引发能源效率和环境效率的损失，阻碍资源型城市的整体产业转型。

③ 在两种外生权重下，对资源型城市和非资源型城市的转型效率进行测算并比较，研究结果发现，资源型城市的两种转型效率均低于非资源型城市，且二者保持相同的变化趋势。在只考虑能源投入时，资源型城市的产出效率更低，资源型城市的资源禀赋并没有形成更多的经济产出。进一步地，根据转型效率的三个维度对资源型城市的转型效率进行分解，发现我国资源型城市的能源效率、产出效率和环境效率各不相同，均小于非资源型城市的能源效率、产出效率和环境效率；从不同成长阶段来看，转型效率由高到低依次为成长型、再生型、衰退型和成熟型资源型城市；从地理区域角度分析，西部地区资源型城市转型效率水平最高，其次为东北部和东部地区，中部地区最低；从主导资源来看，森工类、油气类和非金属类转型效率较高，均值超过 0.5，其余类型城市均处在中效区。不同成长阶段、地理区域和主导资源的资源型城市在能源节约、经济增长和环境友好三个维度的转型效率也存在差异。

④ 基于我国 114 个资源型城市 2005—2018 年的面板数据来研究要素错配对资源型城市转型升级的影响。采用固定效应模型得到基准回归，发现资源型城市要素错配程度与转型效率呈现出显著的负相关关系，无论是要素配置过度还是配置不足，要素错配对于资源型城市的产业转型均存在明显的抑制作用，且劳动错配的抑制作用尤为明显。在缓解内生性问题和进行稳健性检验后，主要实证结果仍未发生变化，根据回归结果所得研究结论是可信的。要素错配对转型效率的影响因资源型城市所处不同地理区域而产生差异。

7.2 政策建议

根据前文分析，政府干预是造成要素价格扭曲的重要因素，因此国家应该从制度上减少政府对要素供给的影响，发挥市场决定价格的主体作用；同时考虑到资源开发的外部性，政府的角色也不应缺失，干预应该重点落在社会民生上。在城市层面，要素的错配具体表现为行业间的错配，由此导致产出损失和创新抑制，针对已经形成的错配，政府应积极引导要素流动，加速落后产能的出清，释放占有的要素；而且本书的实证研究结果证明，劳动要素错配对产业转型效率影响最大，因此，资源型城市工作的重点应该放在培育和合理使用人力资本上。对于资源型产业，能源要素的过度使用会使能耗过高，并造成显著的环境问题，而且一旦习惯过度使用能源要素，企业会缺乏动力革新技术，因此政府需要提供外部动力；同时资源型城市中会存在大量中小型企业进入资源型行业，而龙头企业、大型企业更容易实现规模效应，也更有实力投资研发，因此，行业层面应该鼓励扶持头部企业。

　　本部分综合国内外已有理论研究，从要素视角出发，通过分析要素错配对城市产业转型的影响机理，找出资源型城市转型中的症结，借鉴国内外资源型城市发展的经验与教训，分别从国家、城市和产业三个层面提出多层次的政策建议。

7.2.1　国家层面

（1）明晰完善产权制度，增强市场纠错主体地位

　　资源型城市拥有大量且稀缺的矿产、能源，城市在相当长的时间内需要依赖资源的开发以实现经济的增长，因而资源的归属使用会涉及巨大的经济利益。一旦在占有、使用、处置资源过程中缺乏明晰的权力界定，极易发生权力"寻租"和腐败，并可能造成资源过度开发或资源低效开发的局面，导致市场无法发挥在资源配置中的决定性作用，加剧资源型城市的转型困难。因此，政府应统筹推进自然资源资产的产权制度改革，确定自然资源资产所有权的归属，明晰使用权边界，构建有效的监督检查机制，在完成自然资源资产产权制度改革后，由市场发挥主要调节作用，实现资源的合理分配，提高自然资源开发利用率，助力资源型城市顺利转型。

（2）建立健全补偿机制，发挥政府兜底作用

　　首先，在资源开发前，应建立健全环境服务支付制度，制定相关的法律法规以规范资源开发活动，同时禁止任何破坏性的不可逆的开发活动，并辅以严格的环评和监管，将企业预防性投入纳入开发生产成本。其次，在资源开发过程中，应要求开发者采取边开发边修复的模式，并完善对当地居民的经济补偿制度。相关企业应采取绿色友好的开发模式，实现环境恢复治理的同步，并且对于不可逆的生态破坏应及时给予利益相关方经济补偿。最后，健全资源开发地区的生态恢复制度，尤其对于矿区治理，应积极恢复当地植被，处理矿区土地。除了在资源开发的整个过程中完善相关机制外，政府还应通过征收资源税对资源开发所造成的生态环境问题进行经济补偿。在补偿费用分配过程中，应优先分配给当地居民以改善开发地区的社会民生，从而实现资源型城市发展的可持续。

7.2.2 城市层面

（1）引导要素流动，激发产业发展内生动力

资源型城市要成功实现转型，摆脱对资源能源的依赖，就必须建设多元化的产业体系，依靠接替产业和新兴产业为城市发展赋能。一方面，资源型城市可以对传统的资源产业进行改造升级，挖掘发展潜能。资源型城市经过多年发展，在资源开采和资源加工方面存在一定的技术优势。资源型城市不应完全摒弃既有优势，而应通过物联网、人工智能等高新技术改造资源产业，将新技术、新工艺运用到传统产业的生产中，提升产品的附加值与技术含量。另一方面，资源型城市可以通过改善投资和营商环境来增强城市吸引力以完成招商引资，进而发展非资源型产业，培育多元接替产业，实现产业结构优化升级。面对前来投资的企业，尤其是中小企业，资源型城市应主动接洽，协助其解决企业落地时可能遇到的各种问题。

（2）高素质劳动要素培养、引进双措并举

劳动要素投入是经济增长的必要条件，劳动要素中的高素质劳动力对经济高质量发展更是不可或缺的。本书实证研究已经表明劳动要素错配对城市转型的影响是最大的，所以缓解劳动要素的错配能有效提升城市的转型效率。结合本书劳动错配对城市转型的作用机理研究，资源型城市尤其缺乏高素质人才。因此，资源型城市应首先加大对教育的投资力度，尤其是要构建多元化的职业培训机制，定期和不定期地组织专业技术人员参加培训，提高其专业技能和综合素质，培养本地优秀人才；其次，积极引进专项人才并完善公共就业服务体系，提高核心员工和引进人才的福利待遇，为其提供住房、医疗等方面的优惠政策，健全人才服务体系；最后，形成完备的人才激励制度，鼓励企业进行人力资本投资，形成政府、企事业单位多层次、多形式的奖励体制，重奖有突出贡献的优秀人才，形成全社会尊重人才的风气。

7.2.3 产业层面

（1）打通堵点补充断点，实现技术补链

以往资源型企业的产品主要以原材料和初级产品为主，生产表现为简单的开采加工，导致产品的利润率普遍较低。政府应利用绿色财政，使用转型扶持资金支持资源型企业引进开发新工艺，辅助龙头企业突破关键技术和环节的缺失与瓶颈，实现资源的深加工，提升产品附加值，鼓励企业将出售初级产品的部分利润用于研发，以增强企业的经济效益。同时，政府也应依托当地资源禀赋，扶持龙头企业建立产业集群，打通产业链上下游，完成纵向产业链对接，最终实现对传统资源型产业的改造提升。

（2）并购重组整合要素，发挥规模效应

由于技术水平不高、自然资源资产产权界定不明晰等，城市中资源型中小企业林立，存在一定的滥采、乱采现象，导致资源综合利用率普遍较低，在过度开发的同时，存在着大量浪费的现象。针对资源型产业集群耦合性和聚合力差、缺少组织与协同性等问题，应依托并购重组实现大规模的资产重组或业务整合，在形成的大型企业中建立起循环经济，发挥规模优势，采用绿色工艺以降低成本；同时资源型产业中的企业应加大技术研发力度，提升资源利用率，政府也应出台配套政策措施，对企业进行相应的奖惩，帮助企业采用新技术、新工艺。

参考文献

［1］　AUTY R M. Sustaining development in mineral economies：the resource curse thesis［M］. London：Routledge，1993.

［2］　SACHS J D，WARNER A M. Natural resource abundance and economic growth［R］. National Bureau of Economic Research Working Paper，1995，No. 5398.

［3］　邵帅,杨莉莉. 自然资源丰裕、资源产业依赖与中国区域经济增长［J］.管理世界，2010（9）：26-44.

［4］　COXHEAD I. A new resource curse? Impacts of China's boom on comparative advantage and resource dependence in Southeast Asia［J］. World development，2007，35（7）：1099-1119.

［5］　齐义军. 破解资源诅咒的内蒙古模式研究［M］. 北京：中央民族大学出版社，2012：3-14.

［6］　CORDEN W M，NEARY J P. Booming sector and de-industrialization in a small open economy［J］. The economic journal，1982，92（368）：825-848.

［7］　MATSUYAMA K. Agricultural productivity，comparative advantage and economic growth［J］. Journal of economic theory，1992，58（2）：317-334.

［8］　PREBISCH R. The economic development of Latin America and its principal problems［R］. Lake Success，New York，1950：10-26.

［9］　SINGER H W. The distribution of trade between investing and borrowing countries［J］. American economic review，1950，40（2）：473-485.

［10］　PALDAM M. Dutch disease and rent seeking：the limits to growth revisited［J］. Brooking papers on economic activity，1997（2）：1-43

［11］　HERBERTSSON T T，SKULADOTTIR M，ZOEGA G. Three symptoms and a cure：a contribution to the economics of the Dutch disease［M］. London：Centre for Economic Policy Research，2000.

［12］ VAN DER PLOEG F, POELHEKKE S. Volatility and the natural resource curse［J］. Oxford economic papers, 2009, 61(4): 727-760.

［13］ LEONG W, MOHADDES K. Institutions and the volatility curse［J］. Cambridge working papers in economics, 2011, No. 1145.

［14］ GYLFASON T, HERBERTSSON T T, ZOEGA G. A mixed blessing: natural resources and economic growth［J］. CEPR discussion papers, 1997, 3(3): 204-225.

［15］ PAPYRAKIS E, GERLAGH R. Resource abundance and economic growth in the United States［J］. European economic review, 2007, 51(4): 1011-1039.

［16］ MIKESELL R F. Explaining the resource curse, with special reference to mineral-exporting countries［J］. Resources policy, 1997, 23(4): 191-199.

［17］ DAVIS G A, TILTON J E. The resource curse［J］. Natural resources forum, 2005, 29(3): 233-242.

［18］ HUMPHREYS M, SACHS J D, STIGLITZ J E. Escaping the resource curse［M］. New York: Columbia University Press, 2007.

［19］ GYLFASON T. Natural resources, education and economic development［J］. European economic review, 2001, 45(4): 847-859.

［20］ GYLFASON T, ZOEGA G. Natural resources and economic growth: the role of investment［J］. World economy, 2006, 29(8): 1091-1115.

［21］ ASEA P K, LAHIRI A. The precious bane［J］. Journal of economic dynamics and control, 1999, 23(5/6): 823-849.

［22］ BIRDSALL N, PINCKNEY T C, SABOT R H. Natural resources, human capital, and growth［M］// AUTY R M. Resource abundance and economic development. Oxford: Oxford University Press, 2001.

［23］ WEINTHAL E, LUONG P J. Combating the resource curse: an alternative solution to managing mineral wealth［J］. Perspectives on politics, 2006, 4(1): 35-53.

［24］ KRUEGER A O. The political economy of the rent-seeking society［J］. American economic review, 1974, 64(2).

［25］ BALAND J M, FRANCOIS P. Rent-seeking and resource booms［J］. Journal of development economics,2000,61(2):527-542.

[26] AUTY R M. Resource abundance and economic development[M]. Oxford:Oxford University Press,2001:57-75.

[27] TORVIK R. Natural resources,rent seeking and welfare[J]. Journal of development economics,2002,67(2):455-470.

[28] ROBINSON J A, TORVIK R, VERDIER T. Political foundations of the resource curse[J]. Journal of development economics,2006,79(2):447-468.

[29] SALA-I-MARTIN X, SUBRAMANIAN A. Addressing the natural resource curse: an illustration from Nigeria[J]. Journal of African economies,2013,22(4):570-615.

[30] BARDHAN P,MOOKHERJEE D. Descentralization and local governance in developing countries: a comparative perspective [M].MIT Press:Combridge MA,2006.

[31] KOLSTAD I, WIIG A. It's the rents, stupid! The political economy of the resource curse[J]. Energy policy,2009,37(12):5317-5325.

[32] AREZKI R, BRÜCKNER M. Oil rents, corruption, and state stability: evidence from panel data regressions[J]. European economic review,2011,55(7):955-963.

[33] ISHAM J,WOOLCOCK M,PRITCHETT L,et al. The varieties of resource experience: natural resource export structures and the political economy of economic growth[J]. The World Bank economic review,2005,19(2):141-174.

[34] MEHLUM H, MOENE K, TORVIK R. Institutions and the resource curse[J]. The economic journal,2006,116(508):1-20.

[35] DIXIT A. Some lessons from transaction-cost politics for less-developed countries[J]. Economics and politics,2003,15(2):107-134.

[36] STIJNS J-P C. Natural resource abundance and economic growth revisited[J]. Resources policy,2005,30(2):107-130.

[37] HAUSMANN R,RIGOBON R. An alternative interpretation of the "Resource curse": theory and policy implications[R]. NBER working paper, 2003, No. 9424.

［38］ ROSS M L. Does oil hinder democracy?［J］. World politics,2001,53(3):325-361.

［39］ EIFERT B,GELB A,TALLROT N. The political economy of fiscal policy and economic management in oil exporting countries［M］∥DAVIS J M,OSSOWS-KI R,FEDELINO A. Fiscal policy formulation and implementation in oil-producing countries. Washington D.C.:International Monetary Fund,2003:82-122.

［40］ KONTE M. A curse or a blessing? Natural resources in a multiple growth regimes analysis［J］. Applied economics,2013,45(26):3760-3769.

［41］ OLSSON O. Conflict diamonds［J］. Journal of development economics,2007,82(2):267-286.

［42］ COLLIER P,HOEFFLER A. Greed and grievance in civil war［J］. Oxford economic papers,2004,56(4):563-595.

［43］ COLLIER P, HOEFFLER A. Resource rents, governance and conflict［J］. Journal of conflict resolution,2005,49(4):625-633.

［44］ CASELLI F. Power struggles and the natural resource curse［J］. Working paper,2006.

［45］ ANGRIST J D,KUGLER A D. Rural windfall or a new resource curse? Coca, income,and civil conflict in Colombia［J］. The review of economics and statistics,2008,90(2):191-215.

［46］ SACHS J D,WARNER A M. Sources of slow growth in African economics［J］. Journal of African economies,1997,6(3):335-380.

［47］ SACHS J D, WARNER A M. The curse of natural resources［J］. European economic review,2001,45(4/5/6):827-838.

［48］ BRUCKNER M. Natural resource dependence,non-tradables,and economic growth［J］. Journal of comparative economics,2010,38(4):461-471.

［49］ AREZKI R, VAN DER PLOEG F. Do natural resources depress income per capital?［J］. Review of development economics,2011,15(3):504-521.

［50］ DAVIS G A. Learning to love the Dutch disease: evidence from the mineral economies[J]. World development,1995,23(10):1765-1779.

［51］ 赵伟伟,白永秀.资源诅咒实证研究的文献综述[J].世界经济文汇,2009,No.193(06):104-117.

［52］ ALEXEEV M, CONRAD R. The elusive curse of oil[J]. The review of economics and statistics, 2009, 91(3): 586-598.

［53］ BRUNNSCHWEILER C N, BULTE E H. The resource curse revisited and revised: a tale of paradoxes and red herrings[J]. Journal of environmental economics and management, 2008, 55(3): 248-264.

［54］ MALONEY W F, LEDERMAN D. In search of the missing resource curse[J]. Economía journal, 2008, 9(1): 40-57.

［55］ NEUMAYER E. Does the "resource curse" hold for growth in genuine income as well?[J]. World development, 2004, 32(10): 1627-1640.

［56］ WEN M, KING S P. Push or pull? The relationship between development, trade and primary resource endowment [J]. Journal of economic behavior and organization, 2004, 53(4): 569-591.

［57］ BOSCHINI A, PETTERSSON J, ROINE J. The Resource curse and its potential reversal[J]. World development, 2013, 43: 19-41.

［58］ MEHRARA M. Reconsidering the resource curse in oil-exporting countries [J]. Energy policy, 2009, 37(3): 1165-1169.

［59］ BRAVO-ORTEGA C, DE GREGORIO J. The relative richness of the poor: natural resources, human capital and economic growth[M]. World Bank Group Books, 2005.

［60］ MURSHED S M. When does natural resource abundance lead to a resource curse[J]. Environmental economic programme discussion paper, 2004, 4(1): 1-3.

［61］ MARTIN W. Outgrowing resource dependence theory and some recent development[R]. World Bank policy research working paper, 2005: 3482.

［62］ SOKOLOFF K L, ENGERMAN S L. History lessons: institutions, factor endowments, and paths of development in the new world[J]. The journal of economic perspectives, 2000, 14(3): 217-232.

［63］ GROSSMAN G M, KRUEGER A B. Environmental impacts of a North American Free Trade Agreement[J]. CEPR discussion papers,1992,8(2):223-250.

[64] MCCONNELL K E. Income and the demand for environmental quality[J]. Environment and development economics,2001,2(4):383-399.

[65] ARROW K,BOLIN B,COSTANZA R,et al. Economic growth,carrying capacity and the environment[J]. Science,1995,268(5210):520-521.

[66] 张以诚. 矿业城市概论[J]. 中国矿业,2005(7):5-9.

[67] 姜春海,于立. 资源枯竭型城市产业转型研究[J]. 南大商学评论,2007(1):65-82.

[68] 严太华,胡尧. 基于资源脱钩视角的资源型城市分类[J]. 资源科学,2019,41(12):2172-2181.

[69] 刘云刚. 中国资源型城市界定方法的再考察[J]. 经济地理,2006(6):940-944.

[70] 韩凤芹,万寿琼. 分类促进我国资源型城市可持续发展[J]. 经济研究参考,2014(54):5-9.

[71] 余建辉,李佳洺,张文忠. 中国资源型城市识别与综合类型划分[J]. 地理学报,2018,73(4):677-687.

[72] 栾华贺,王六芳. 我国资源型城市产业转型问题初探[J]. 技术经济与管理研究,2000(6):96-97.

[73] 李洪娟. 资源型城市产业转型的障碍分析与路径选择[J]. 煤炭工程,2008(2):96-98.

[74] 张米尔,武春友. 资源型城市产业转型障碍与对策研究[J]. 经济理论与经济管理,2001(2):35-38.

[75] 朱阿丽,倪良明,温立武. 资源型城市中小企业科技创新能力提升路径[J]. 经济纵横,2016(4):49-53.

[76] 时慧娜,魏后凯. "十二五"时期中国资源型城市援助政策的调整思路[J]. 经济学动态,2011(2):75-79.

[77] 孙淼,丁四保. 我国资源型城市衰退的体制原因分析[J]. 经济地理,2005(2):273-276.

[78] 孙浩进. 我国资源型城市产业转型的效果、瓶颈与路径创新[J]. 经济管理,2014,36(10):34-43.

[79] 李天籽. 自然资源丰裕度对中国地区经济增长的影响及其传导机制研究 [J]. 经济科学,2007(6):66-76.

[80] 邵帅,齐中英. 西部地区的能源开发与经济增长:基于"资源诅咒"假说的 实证分析[J]. 经济研究,2008(4):147-160.

[81] 方颖,纪衎,赵扬. 中国是否存在"资源诅咒"[J]. 世界经济,2011,34(4): 144-160.

[82] 邵帅,范美婷,杨莉莉. 资源产业依赖如何影响经济发展效率?:有条件资 源诅咒假说的检验及解释[J]. 管理世界,2013(2):32-63.

[83] 商允忠,王华清. 资源型城市转型效率评价研究:以山西省为例[J]. 资源 与产业,2012,14(1):12-17.

[84] 谭玲玲,肖双. 基于全要素生产率视角资源型城市低碳转型效果评价模型 [J]. 中国矿业,2018,27(2):58-64.

[85] 张生玲,李跃,酒二科,等. 路径依赖、市场进入与资源型城市转型[J]. 经 济理论与经济管理,2016(2):14-27.

[86] 蔡世刚. 人力资本视域下资源枯竭型城市产业转型:以湖北省黄石市为例 [J]. 生态经济,2017,33(4):69-72.

[87] 易昌良,李林. 以金融创新推动我国资源型城市经济转型[J]. 经济研究参 考,2016(49):59-66.

[88] 白雪洁,汪海凤,孙红印. 金融发展、资源特征与城市转型[J]. 经济与管理 研究,2016,37(2):35-43.

[89] 孙雅静. 资源型城市转型过程中政府职能转型研究[J]. 中国矿业,2007 (5):10-12.

[90] 黄溶冰. 府际治理、合作博弈与制度创新[J]. 经济学动态,2009(1):76-80.

[91] 姚平,姜曰木. 技术创新、制度创新与资源型城市产业转型:基于生命周期 的视角[J]. 科学管理研究,2012,30(6):1-4.

[92] 刘丹. 协同驱动视角下的资源型城市产业转型研究[J]. 软科学,2012,26 (3):39-42.

[93] 王元月,纪建悦. 资源型城市建立与完善技术创新系统的探讨[J]. 软科 学,2002(1):10-13.

[94] 张米尔,孔令伟. 资源型城市产业转型的模式选择[J]. 西安交通大学学报

（社会科学版），2003(1)：29-31.

[95] 周鹏，白永平，马卫，等.中国资源型城市可持续发展效率空间格局演变及其影响因素[J].中国沙漠，2016，36(5)：1489-1495.

[96] 文淑惠，陈灿.考虑环境因素的财政支持资源型城市转型效率研究[J].地域研究与开发，2019，38(6)：52-57.

[97] 丁磊，施祖麟.资源型城市经济转型：以太原为例[J].清华大学学报（哲学社会科学版），2000(1)：52-56.

[98] 刘霆，李业锦，任悦悦，等.我国资源枯竭型城市转型的影响因素[J].资源与产业，2019，21(1)：45-53.

[99] 徐逸伦.谈经济组织形式与城市空间结构[J].城市规划汇刊，1999(2)：18-20.

[100] 宋冬林，汤吉军.沉淀成本与资源型城市转型分析[J].中国工业经济，2004(6)：58-64.

[101] 李虹，邹庆.环境规制、资源禀赋与城市产业转型研究：基于资源型城市与非资源型城市的对比分析[J].经济研究，2018，53(11)：182-198.

[102] 曹斐，刘学敏.资源型城市转型中禀赋条件约束与突破机制探析[J].城市发展研究，2012，19(2)：32-35.

[103] 李世刚，尹恒.政府-企业间人才配置与经济增长：基于中国地级市数据的经验研究[J].经济研究，2017，52(4)：78-91.

[104] MIAO J J，WANG P. Sectoral bubbles, misallocation, and endogenous growth [J].Journal of mathematical economics,2014, 53:153-163.

[105] 王辉.资源配置效率与经济增长[J].现代管理科学，2016(9)：60-62.

[106] 谢攀，龚敏.矫正要素比价扭曲、资源错配与发展转型[J].求是学刊，2015，42(1)：66-73.

[107] 靳来群，林金忠，丁诗诗.行政垄断对所有制差异所致资源错配的影响[J].中国工业经济，2015(4)：31-43.

[108] 张庆君，张娜娜，李春霞.市场摩擦、金融错配与要素生产率变动[J].商业研究，2016(6)：30-36.

[109] 张子楠，王高望，赵晓军.工资刚性与国企效率损失[J].经济科学，2015(5)：44-57.

［110］ 柏培文,杨志才.中国二元经济的要素错配与收入分配格局[J].经济学(季刊),2019,18(2):639-660.

［111］ 李静,楠玉.人才为何流向公共部门:减速期经济稳增长困境及人力资本错配含义[J].财贸经济,2019,40(2):20-33.

［112］ 张庆君,李雨霏,毛雪.所有制结构、金融错配与全要素生产率[J].财贸研究,2016,27(4):9-15.

［113］ 徐璋勇,葛鹏飞.国家区域发展战略与资本错配:基于西部大开发的准自然实验[J].产业经济研究,2019(4):12-22.

［114］ 罗双成,陈卫民.房价上涨、要素错配与中国创新型城市发展[J].上海经济研究,2019(3):38-47.

［115］ 张杰,周晓艳,李勇.要素市场扭曲抑制了中国企业R&D?[J].经济研究,2011,46(8):78-91.

［116］ 白俊红,卞元超.要素市场扭曲与中国创新生产的效率损失[J].中国工业经济,2016(11):39-55.

［117］ 吕承超,王志阁.要素资源错配对企业创新的作用机制及实证检验:基于制造业上市公司的经验分析[J].系统工程理论与实践,2019,39(5):1137-1153.

［118］ 邓翔,李德山,李双强,等.价格扭曲、资源错配与全要素生产率[J].软科学,2017,31(9):25-29.

［119］ 张雄,张安录,邓超.土地资源错配及经济效率损失研究[J].中国人口·资源与环境,2017,27(3):170-176.

［120］ 董直庆,刘迪钥,宋伟.劳动力错配诱发全要素生产率损失了吗?:来自中国产业层面的经验证据[J].上海财经大学学报,2014,16(5):94-103.

［121］ 王颂吉,白永秀.城乡要素错配与中国二元经济结构转化滞后:理论与实证研究[J].中国工业经济,2013(7):31-43.

［122］ 赖敏.土地要素错配阻碍了中国产业结构升级吗?:基于中国230个地级市的经验证据[J].产业经济研究,2019(2):39-49.

［123］ 张伯超,靳来群,秘燕霞.我国制造业要素密集度异质性产业间资源错配与产业结构升级[J].当代经济管理,2019,41(2):60-67.

［124］ 聂辉华,贾瑞雪.中国制造业企业生产率与资源误置[J].世界经济,

2011,34(7):27-42.

[125] 罗知,张川川.信贷扩张、房地产投资与制造业部门的资源配置效率[J].金融研究,2015(7):60-75.

[126] 杨震宇.资源错配与研发型企业生产效率损失[J].研究与发展管理,2015,27(5):99-109.

[127] 陈永伟,胡伟民.价格扭曲、要素错配和效率损失:理论和应用[J].经济学(季刊),2011,10(4):1401-1422.

[128] 曹玉书,楼东玮.资源错配、结构变迁与中国经济转型[J].中国工业经济,2012(10):5-18.

[129] 夏晓华,李进一.要素价格异质性扭曲与产业结构动态调整[J].南京大学学报(哲学·人文科学·社会科学),2012,49(3):40-48.

[130] 高翔,刘啟仁,黄建忠.要素市场扭曲与中国企业出口国内附加值率:事实与机制[J].世界经济,2018,41(10):26-50.

[131] 罗德明,李晔,史晋川.要素市场扭曲、资源错置与生产率[J].经济研究,2012,47(3):4-14.

[132] 赵辉.成长型资源型城市转型路径研究:以榆林市为例[J].当代经济管理,2014,36(5):57-62.

[133] 张志杰.成长型资源城市可持续发展研究:以云南迪庆藏族自治州为例[D].北京:中国地质大学(北京),2015.

[134] 焦华富,许吉黎.社会空间视角下成熟型煤炭资源城市地域功能结构研究:以安徽省淮南市为例[J].地理科学,2016,36(11):1670-1678.

[135] 田象生,宁云才.成熟期资源型城市产业转型对策研究:以鸡西为例[J].中国矿业,2014,23(12):33-36.

[136] 刘春燕,谢萍,毛端谦.资源衰退型城市接续产业选择研究:以江西萍乡市为例[J].地理科学,2014,34(2):192-197.

[137] 李江苏,唐志鹏.再生型资源型城市产业的结构性增长研究:以唐山市为例[J].地理研究,2017,36(4):707-718.

[138] 仇方道,孙莉莉,郭梦梦,等.再生性资源型城市工业化与城镇空间耦合格局及驱动因素:以徐州市为例[J].地理科学,2018,38(10):1670-1680.

[139] 仇方道,袁荷,朱传耿,等.再生性资源型城市工业转型效应及影响因素

[J].经济地理,2018,38(11):68-77.

[140] 王国霞,刘婷.中部地区资源型城市城市化与生态环境动态耦合关系[J].中国人口·资源与环境,2017,27(7):80-88.

[141] 张宇,曹卫东,梁双波,等.中部地区资源型城市质量与规模时空差异演化研究:以山西省为例[J].自然资源学报,2018,33(2):233-245.

[142] 史兴民,韩申山,安鹏飞,等.中西部典型资源型城市环境脆弱性评价[J].地域研究与开发,2010,29(6):63-68.

[143] 周民良.东北地区"再振兴"战略下资源型城市转型发展研究[J].经济纵横,2015(8):58-63.

[144] 尹鹏,刘继生,陈才.东北地区资源型城市基本公共服务效率研究[J].中国人口·资源与环境,2015,25(6):127-134.

[145] 杨显明,焦华富,许吉黎.不同发展阶段煤炭资源型城市空间结构演化的对比研究:以淮南、淮北为例[J].自然资源学报,2015,30(1):92-105.

[146] 许吉黎,焦华富.成熟期煤炭资源型城市社会空间结构研究:以安徽省淮南市为例[J].经济地理,2014,34(1):61-68.

[147] 董锋,龙如银,周德群,等.环境规制下的资源型城市转型绩效及其影响因素分析[J].运筹与管理,2013,22(1):171-178.

[148] 李江苏,王晓蕊,苗长虹.基于两种DEA模型的资源型城市发展效率评价比较[J].经济地理,2017,37(4):99-106.

[149] 罗洪群,王凤,南剑飞,等.油气资源型城市的可持续发展机制[J].软科学,2011,25(10):65-68.

[150] 雷国平,杨晓雪.森工资源型城市土地利用与生态环境协调发展研究[J].东北农业大学学报,2013,44(8):151-155.

[151] 李雨停.林业资源枯竭型城市转型机制研究[J].生态经济,2014,30(1):26-29.

[152] 高云虹,王美昌,刘强.西北地区资源型城市发展困境及其转型路径[J].财经科学,2010(10):103-109.

[153] 董锁成,李泽红,李斌,等.中国资源型城市经济转型问题与战略探索[J].中国人口·资源与环境,2007(5):12-17.

[154] AOKI S. A simple accounting framework for the effect of resource misalloca-

tion on aggregate productivity[J]. Journal of the Japanese and international economies,2012,26(4):473-494.

[155] HSIEH C T, KLENOW P J. Misallocation and manufacturing TFP in China and India[J]. Social science electronic publishing, 2009, 124(4): 1403-1448.

[156] 陈永伟. 资源错配:问题、成因和对策[D]. 北京:北京大学,2013.

[157] YOUNG A. Gold into base metals:productivity growth in the People's Republic of China during the reform period[J]. Journal of political economy, 2003,111(6):1220-1261.

[158] 张军,吴桂英,张吉鹏. 中国省际物质资本存量估算:1952—2000[J]. 经济研究,2004(10):35-44.

[159] 魏玮,宋一弘. 环境约束下城市全要素能源效率的变动分解:基于三阶段 DEA-malmquist 指数的实证分析[J]. 统计与信息论坛,2012(9):52-57.

[160] 秦炳涛. 中国区域能源效率研究:地级市的视角[J]. 世界经济文汇,2014 (1):95-104.

[161] 林伯强. 结构变化、效率改进与能源需求预测:以中国电力行业为例[J]. 经济研究,2003(5):57-65.

[162] 林伯强. 电力消费与中国经济增长:基于生产函数的研究[J]. 管理世界, 2003(11):18-27.

[163] SWAMY P A V B. Efficient inference in a random coefficient regression model[J]. Econometrica,1970,38(2):311-323.

[164] 杨天宇,姜秀芳. 产业结构变迁、劳动力市场扭曲和中国劳动生产率增长放缓[J]. 经济理论与经济管理,2015(4):57-67.

[165] SYRQUIN M. "Productivity Growth and Factor Reallocation", in Industrialization and Growth[M]. Oxford:Oxford University Press,1986.

[166] AOKI S. Was the barrier to labor mobility an important factor for the prewar Japanese stagnation[R]. MPRA Paper,2008,No.8178.

[167] 林伯强,杜克锐. 要素市场扭曲对能源效率的影响[J]. 经济研究,2013, 48(9):125-136.

[168] 康志勇. 赶超行为、要素市场扭曲对中国就业的影响:来自微观企业的数

据分析[J]. 中国人口科学,2012(1):60-69.

[169] 王宁,史晋川. 要素价格扭曲对中国投资消费结构的影响分析[J]. 财贸经济,2015(4):121-133.

[170] HSU P H,XUAN T,YAN X. Financial development and innovation:cross-country evidence [J]. Journal of financial economics,2014,112(1):116-135.

[171] 踪家峰,周亮. 市场分割、要素扭曲与产业升级:来自中国的证据(1998—2007)[J]. 经济管理,2013,35(1):23-33.

[172] 施炳展,冼国明. 要素价格扭曲与中国工业企业出口行为[J]. 中国工业经济,2012(2):47-56.

[173] 阚大学,吕连菊. 要素市场扭曲加剧了环境污染吗:基于省级工业行业空间动态面板数据的分析[J]. 财贸经济,2016(5):146-159.

[174] 孙晓华,郑辉,于润群,等. 资源型城市转型升级:压力测算与方向选择[J]. 中国人口·资源与环境,2020(4):54-62.

[175] 涂正革. 环境、资源与工业增长的协调性[J]. 经济研究,2008(2):93-105.

[176] 白雪洁,汪海凤,闫文凯. 资源衰退、科教支持与城市转型:基于坏产出动态SBM模型的资源型城市转型效率研究[J]. 中国工业经济,2014(11):30-43.

[177] 张少华,蒋伟杰. 能源效率测度方法:演变、争议与未来[J]. 数量经济技术经济研究,2016,33(7):3-24.

[178] 李江龙,徐斌. "诅咒"还是"福音":资源丰裕程度如何影响中国绿色经济增长?[J]. 经济研究,2018,53(9):151-167.

[179] CHUNG Y H,FARE R,GROSSKOPF S. Productivity and undesirable outputs:a directional distance function approach [J]. Journal of environmental management,1997,51(3):229-240.

[180] FARE R,GROSSKOPF S,PASURKA C A. Pollution abatement activities and traditional productivity [J]. Ecological economics,2007,62(3/4):673-682.

[181] 王昀. 中国工业转型升级的潜力测算与路径优化研究[D]. 大连:大连理工大学,2016.

后　记

　　本专著的撰写得到了辽宁省社会科学规划基金项目资助，在此表示感谢！本专著完成之时，恰是我国"十四五"规划承上启下的关键之年，是资源型地区迈出转型跨越步伐、探索绿色低碳高质量发展新路的重要时期，著者希望本专著的研究对我国资源型城市产业转型的事业有所裨益和帮助。